MOEWIG

DR. OETKER KOCHBUCH

DR. OETKER KOCHBUCH

So backt die junge Hausfrau

MOEWIG

Alle Rezepte wurden in der Dr. Oetker-Versuchsküche ausprobiert und bieten die Garantie für gutes Gelingen. Dr. Oetker-Kochbücher sind deshalb Bestseller, weil die Rezepte mühelos nachgekocht werden können.

Verlagsunion Erich Pabel-Arthur Moewig KG, Rastatt

Lizenzausgabe mit Genehmigung des Ceres Verlages
Umschlagfoto: Ceres Verlag
Fotos im Innenteil: C. P. Fischer/Ceres Verlag
Umschlagentwurf und -gestaltung: Werbeagentur Zeuner, Ettlingen
Auslieferung in Österreich:
Pressegroßvertrieb Salzburg Gesellschaft m.b.H.,
Niederalm 300, A-5081 Anif
Printed in Germany 1991
Druck und Bindung: Dresdner Druck- und Verlagshaus
ISBN 3-8118-7461-6
(60er-Kassette)

Inhalt

Einleitung

Das Selberbacken gehört heute wieder in steigendem Maße zu den mit besonderer Liebe und Sorgfalt ausgeübten Tätigkeiten der Hausfrau.
Dieses Backbuch ist im besonderen der jungen Hausfrau gewidmet. Es bietet eine reiche Auswahl schöner Backrezepte für die verschiedenen Gelegenheiten.
Darüber hinaus gibt es aber auch der im Backen versierten Hausfrau viele neue Anregungen.
Alle Rezepte wurden in der Dr.-Oetker-Versuchsküche ausprobiert, damit für Sie ein problemloses Nachvollziehen gewährleistet ist.

Der kleine Kaffeeklatsch

Apfel-Sahnetorte

2 Eigelb,
2–3 Eßl. warmes Wasser,*
100 g Zucker,
1 Päckchen Vanillin-Zucker,
2 Eiweiß,
75 g Weizenmehl,
50 g Speisestärke,
3 g (1 gestrichener Teel.) Backpulver,
1 Messerspitze Butter,
25 g Zucker,
50 g abgezogene, gehackte Mandeln,
1½ kg Äpfel,
je nach Apfelsorte evtl. etwas Wasser,
75—100 g Zucker,
2 Päckchen Vanillin-Zucker,
1 Päckchen Gelatine gemahlen, weiß,
3 Eßl. kaltes Wasser,
½ l Sahne,
25 g Puderzucker,
2 Päckchen Sahnesteif

Für den Biskuitteig Eigelb und Wasser schaumig schlagen und nach und nach ⅔ des Zuckers mit dem Vanillin-Zukker hinzugeben. Schlagen, bis eine cremeartige Masse entsteht. Das Eiweiß zu steifem Schnee schlagen und nach und nach den Rest des Zuckers hinzufügen. Den Schnee auf die Eigelbcreme geben, darüber das mit Speisestärke und Backpulver gemischte Mehl sieben. Alles vorsichtig unter die Eigelbmasse ziehen (nicht rühren!). Den Teig in eine mit Pergamentpapier ausgelegte Springform (Durchmesser etwa 26 cm) füllen und sofort backen.

Gas: 3–4
Strom: 175–200
Backzeit: 20–30 Minuten

Den Tortenboden gut auskühlen lassen.
Für den Krokant Butter und Zucker zerlassen und unter Rühren so lange erhitzen, bis der Zucker schwach gebräunt ist. Die Mandeln unterrühren und erhitzen, bis der Krokant genug gebräunt ist. Dann die Masse auf eine geölte Platte geben. Nach dem Erkalten in kleine Stücke zerstoßen.

** Bei großen Eiern die kleinere und bei kleinen Eiern die größere Wassermenge nehmen.*

Die Äpfel schälen, vierteln, entkernen, in kleine Stücke schneiden und evtl. mit etwas Wasser, dem Zucker und dem Vanillin-Zucker unter Rühren weichdünsten.
Die Gelatine mit dem Wasser anrühren und 10 Minuten quellen lassen. Die Apfelstückchen durch ein Sieb streichen, die gequollene Gelatine zu dem heißen Apfelmus geben und so lange rühren, bis sie gelöst ist. Das Apfelmus kalt stellen.
Die gut gekühlte Sahne etwa ½ Minute schlagen, dann den gesiebten, mit Sahnesteif gemischten Puderzucker unter ständigem Schlagen einstreuen und steif schlagen.
Den Tortenboden einmal durchschneiden. Den unteren Boden mit dem Apfelmus bestreichen, den anderen Boden darauflegen und gut andrücken. Die Torte mit einem Teil der Schlagsahne bestreichen und den Rand mit dem Krokant bestreuen. Mit der restlichen Schlagsahne die Torte verzieren.

Apfeltaschen

1 Packung (300 g) tiefgekühlter Blätterteig,
375 g Äpfel,
25 g gewaschene, gut abgetropfte Rosinen,
25–50 g Zucker,
etwas Dosenmilch,
50–75 g Puderzucker,
etwa 1 Eßl. heißes Wasser

Den Blätterteig aus der Packung nehmen und in etwa 2 Stunden auftauen lassen (den Teig nicht noch einmal durchkneten).
Die Äpfel schälen, vierteln, entkernen, in Stücke schneiden und mit den Rosinen und mit 1 Eßl. Zucker leicht dünsten, etwas abkühlen lassen und mit dem Rest des Zuckers abschmecken.
Den Teig knapp ½ cm dick ausrollen und runde Platten von etwa 10 cm Durchmesser ausstechen. Die Ränder mit Dosenmilch bestreichen. Die eine Hälfte jeder Teigplatte mit Füllung belegen, die andere darüberklappen und am Rand gut andrücken. Die Apfeltaschen auf ein mit kaltem Wasser abgespültes Backblech legen und dünn mit Dosenmilch bestreichen.

Gas: 5 Minuten vorheizen 4–5,
backen 4–5
Strom: 200–225
Backzeit: Etwa 20 Minuten

Den gesiebten Puderzucker mit so viel Wasser glattrühren, daß eine dickflüssige Masse entsteht. Die noch warmen Apfeltaschen damit bestreichen.

Apfelkuchen einmal anders

Farbfoto auf Seite 129

125 g Butter oder Margarine,
125 g Zucker,
3 Eier,
Salz,
4 Tropfen Backöl Zitrone,
200 g Weizenmehl,
6 g (2 gestrichene Teel.) Backpulver,
750–1000 g Äpfel,
3 Eßl. Milch,
50 g Butter,
25 g Zucker,
1 gestrichener Teel. gemahlener Zimt

Butter oder Margarine schaumig rühren und nach und nach Zucker, Eier, Salz und Zitrone hinzugeben. Das mit Backpulver gemischte und gesiebte Mehl eßlöffelweise unterrühren. ⅔ des Teiges in eine gefettete Springform (Durchmesser etwa 26 cm) füllen und glattstreichen.
Die Äpfel schälen, vierteln, entkernen und in Scheiben schneiden. Die Apfelscheiben kranzförmig auf den Teig legen, daß ein Rand von etwa 1 cm Teig frei bleibt. Unter den restlichen Teig die Milch rühren, ihn gleichmäßig über die Äpfel verteilen, mit Butterflöckchen belegen und mit dem mit Zimt gemischten Zucker bestreuen.

Gas: 3–4
Strom: 175–200
Backzeit: 40–50 Minuten

Rhabarbertorte mit Baiser

Einen Rührteig bereiten aus:

75 g Butter oder Margarine,
75 g Zucker,
1 Päckchen Vanillin-Zucker,
2 Eier,
etwas Salz,
150 g Weizenmehl,
3 g (1 gestrichener Teel.) Backpulver,
etwa 2 Eßl. Milch,

in eine gefettete Spezial-Tortenbodenform (Durchmesser etwa 28 cm) füllen und glattstreichen.

Gas: 3–4
Strom: 175–200
Backzeit: 20–25 Minuten

1 Päckchen Gelatine gemahlen, weiß
4 Eßl. kaltes Wasser,
750 g Rhabarber (vorbereitet gewogen),
125 g Zucker

Die Gelatine mit dem Wasser anrühren und 10 Minuten quellen lassen. Den Rhabarber waschen, in 2 cm lange Stücke schneiden, mit dem Zucker zum Kochen bringen und garen. Die gequollene Gelatine in den noch heißen Rhabarber geben und rühren, bis sie gelöst ist. Den Rhabarber kalt stellen.

50 g gemahlene Mandeln,

Die Mandeln auf den Tortenboden streuen und darauf den etwas festgewordenen Rhabarber verteilen.

2 Eiweiß,
100 g Zucker

Für die Baisermasse das Eiweiß zu steifem Schnee schlagen. Er muß so fest sein, daß ein Messerschnitt sichtbar bleibt. Darunter nach und nach eßlöffelweise den Zucker schlagen. Die Masse in einen Spritzbeutel füllen, ein Gittermuster auf die Torte spritzen und unter den vorgeheizten Grill schieben.

Grillzeit:
Gas: Etwa 2 Minuten
Strom: 2–3 Minuten.

Tip: Der Boden kann 1–2 Tage vor dem Verzehr gebacken werden. In Alufolie verpackt aufbewahren.

Erdbeerrolle

Einen Biskuitteig herstellen – wie auf Seite 11 angegeben – aus:

4 Eigelb,
3–4 Eßl. warmes Wasser,*
125 g Zucker,
1 Päckchen Vanillin-Zucker,
4 Eiweiß,
75 g Weizenmehl,
50 g Speisestärke,
1 Messerspitze Backpulver,

Den Teig etwa 1 cm dick auf ein mit Pergamentpapier belegtes Backblech streichen. Damit er an der offenen Seite nicht auslaufen kann, das Papier unmittelbar vor dem Teig zur Falte knicken, so daß ein Rand entsteht, und sofort backen.

Gas: 5 Minuten vorheizen 3½–4½,
backen 3½–4½
Strom: 200–225
Backzeit: 10–15 Minuten

Danach den Biskuit sofort auf ein mit Zucker bestreutes Papier stürzen, das Backpapier mit kaltem Wasser bestreichen und vorsichtig, aber schnell abziehen. Den Biskuit mit der Papierunterlage aufrollen und kalt stellen.

500 g Erdbeeren,
½ l Sahne,
75 g Puderzucker,
2 Päckchen Sahnesteif,
1 Päckchen Vanillin-Zucker,
einige Erdbeeren zum Garnieren zurücklassen

Die Erdbeeren waschen, gut abtropfen lassen, entstielen und in Stücke schneiden.

Die Sahne etwa ½ Minute schlagen, dann den gesiebten, mit Sahnesteif und Vanillin-Zucker gemischten Puderzucker unter ständigem Schlagen einstreuen und steif schlagen. Knapp die Hälfte der Sahne in einen Spritzbeutel füllen, unter den Rest die Erdbeeren heben.

Die ausgekühlte Rolle vorsichtig auseinanderwickeln, mit der Erdbeer-Sahne gleichmäßig bestreichen, aufrollen und die äußere braune Haut entfernen. Die Rolle mit etwas Sahne aus dem Spritzbeutel bestreichen, mit der restlichen Sahne und den Erdbeeren garnieren.

Berliner

500 g Weizenmehl,
1 Päckchen Hefe,
30 g Zucker,
1 Päckchen Vanillin-Zucker,
3 Tropfen Backöl Bittermandel,
1 gestrichener Teel. Salz,
100 g zerlassene Butter oder Margarine,
2 Eier,
1 Eigelb,
⅛ l lauwarme Milch,
1 Eiweiß,
etwa 125 g Konfitüre (Marmelade),
Speiseöl oder Kokosfett,
Zucker oder Puderzucker

Das Mehl in eine Schüssel sieben und mit der Hefe sorgfältig vermischen. Die übrigen Zutaten hinzufügen und alles mit einem Handrührgerät mit Knethaken zuerst auf der niedrigsten, dann auf der höchsten Stufe in etwa 5 Minuten zu einem Teig verarbeiten. Den Teig an einem warmen Ort so lange stehenlassen, bis er etwa doppelt so hoch ist. Dann auf höchster Stufe nochmals gut durchkneten und etwa ½ cm dick ausrollen. Auf der einen Teighälfte mit einem Metallring oder Glas (Durchmesser etwa 7 cm) Kreise andeuten. Den Rand dieser Kreise dünn mit Eiweiß bestreichen, in die Mitte etwas Konfitüre geben und die leere Teighälfte darüberklappen. Den Teig ausstechen und die Ränder gut zusammendrücken. Die Bällchen auf ein gut bemehltes Teigbrett legen und an einem warmen Ort gehen lassen, bis sie etwa doppelt so hoch sind. Die Bällchen schwimmend in siedendem Fett auf beiden Seiten hellbraun backen, mit einem Schaumlöffel herausnehmen, auf einen Kuchenrost zum Abtropfen legen, in Zucker wälzen oder mit Puderzucker bestäuben.

Johannisbeer-Quarkkuchen mit Baiser

Farbfoto auf Seite 130

150 g Speisequark,
6 Eßl. Milch,
6 Eßl. Speiseöl,
75 g Zucker,
1 Päckchen Vanillin-Zucker,
Salz,
300 g Weizenmehl,
1 Päckchen Backpulver,
750 g Johannisbeeren,
750 g Magerquark,
200 g Zucker,
1 Päckchen Vanillin-Zucker,
3 Eier,
2 Eigelb,
50 g zerlassene Butter,
50 g Speisestärke,
2 Eiweiß,
100 g Zucker,
20 g gehobelte Mandeln

Den Quark mit Milch, Öl, Zucker, Vanillin-Zucker und Salz verrühren. Danach gut die Hälfte des mit Backpulver gemischten Mehls dazugeben und unterrühren. Den Rest des Mehls unterkneten.

Den Teig knapp ½ cm dick auf einem gefetteten Backblech ausrollen.

Die Johannisbeeren waschen und entstielen. Den Quark mit Zucker und allen Zutaten verrühren.

Die Johannisbeeren unter die Masse heben, auf dem Teig verteilen, glattstreichen und einen Rand aus Alufolie vor den Teig legen.

Gas: 5 Minuten vorheizen 3–4,
backen 3–4
Strom: Etwa 175–200
Backzeit: Etwa 25 Minuten

Eiweiß und Zucker zu Schnee schlagen, gleichmäßig auf die Quarkmasse streichen, die Mandeln darüberstreuen.

Gas: 4–5
Strom: 200–225
Backzeit: Etwa 5 Minuten

Obsttorte mit Joghurtsahne

150 g Weizenmehl,
1½ g (½ gestrichener Teel.)
Backpulver,
65 g Zucker,
1 Päckchen
Vanillin-Zucker,
1 kleines Ei,
65 g Butter oder
Margarine,
1 gestrichener Eßl.
Weizenmehl,
1 Päckchen
Sahnesteif

Mehl und Backpulver mischen und auf die Tischplatte sieben. In die Mitte eine Vertiefung eindrücken. Zucker, Vanillin-Zucker und Ei hineingeben und mit einem Teil des Mehls zu einem dicken Brei verarbeiten. Darauf das in Stücke geschnittene kalte Fett geben, mit Mehl bedecken und von der Mitte aus alle Zutaten schnell zu einem glatten Teig verkneten. Sollte er kleben, ihn eine Zeitlang kalt stellen. ⅔ des Teiges auf dem Boden einer Springform (Durchmesser etwa 26 cm) ausrollen. Unter den Rest den Eßl. Mehl kneten. Dann den Teig zu einer Rolle formen, sie als Rand auf den Boden legen und so an die Form drücken, daß er knapp 3 cm hoch wird. Den Teigboden mehrmals mit einer Gabel einstechen.

Gas: 5 Minuten vorheizen 3–4,
backen 3–4
Strom: 200–225
Backzeit: 15–20 Minuten

Den gut ausgekühlten Tortenboden gleichmäßig mit Sahnesteif bestreuen, damit das Obst nicht durchweicht.

750 g rohes, gedünstetes oder eingemachtes Obst, (z. B. Aprikosen, Erdbeeren, Pfirsiche, Sauerkirschen, Stachelbeeren), Zucker nach Geschmack, 1 Päckchen Tortenguß, ¼ l Wasser oder Fruchtsaft, 25–50 g Zucker, ¼ l Sahne, 2 Päckchen Sahnesteif, 50 g Zucker, 1 Töpfchen (150 g) Joghurt, 2–3 Eßl. Zitronensaft, 25 g abgezogene, gehackte, gebräunte Mandeln

Für den Belag weiches Obst roh verwenden und folgendermaßen vorbereiten: Aprikosen, Erdbeeren und Pfirsiche waschen, gut abtropfen lassen, entsteinen oder entstielen (Pfirsiche enthäuten) und, mit Zucker bestreut, kurze Zeit stehenlassen. – Gedünstetes, eingemachtes oder rohes Obst auf einem Sieb gut abtropfen lassen und dann auf den Tortenboden legen.
Den Guß nach Vorschrift zubereiten und über dem Obst verteilen.
Die gut gekühlte Sahne etwa ½ Minute schlagen, dann den mit Sahnesteif gemischten Zucker unter ständigem Schlagen einstreuen, bis die Sahne fast steif ist. Joghurt dazugeben, die Sahne vollkommen steif schlagen und mit Zitronensaft abschmecken. Die Joghurt-Sahne gleichmäßig über dem erkalteten Tortenguß verteilen und die Mandeln darüberstreuen.

Krümelkuchen mit Apfelfüllung

250 g Butter oder Margarine,
200 g Zucker,
1 Päckchen Vanillin-Zucker,
1 Ei,
Salz,
500 g Weizenmehl,
1 Päckchen Backpulver,
1½–2 kg Äpfel,
1 Eßl. Wasser,
100–175 g Zucker,
gemahlener Zimt,
75 g gewaschene, abgetropfte Rosinen

Butter schaumig rühren und nach und nach Zucker, Vanillin-Zucker, Ei und Salz hinzugeben. Die Hälfte des mit Backpulver gemischten und gesiebten Mehls eßlöffelweise unterrühren. Den Rest auf den Teig schütten und so mit den Händen oder mit 2 Gabeln darunterarbeiten, daß eine krümelige Masse entsteht.

Die Äpfel schälen, vierteln, entkernen, in Stücke schneiden und mit Wasser, 100 g Zucker, Zimt und Rosinen unter Rühren leicht dünsten. Die Füllung erkalten lassen und mit Zucker abschmecken.

Die Hälfte des Teiges auf ein gefettetes Backblech geben, am Boden gut andrücken und an den Rändern etwa ½ cm hochdrücken. Den Teig mit der Apfelfüllung bestreichen und mit den restlichen Krümeln bestreuen.

Gas: 5 Minuten vorheizen 3–4,
backen 3–4
Strom: 175–200
Backzeit: 25–45 Minuten

Tip: Der Kuchen kann bereits 1 Tag vor dem Verzehr gebacken werden.

Mandelwaffeln mit Preiselbeersahne

250 g Margarine,
125 g Zucker,
1 Päckchen Vanillin-Zucker,
4 Eier,
2 Eßl. Rum,
250 g Weizenmehl,
1 schwach gehäufter Teel. Backpulver,
6 Eßl. lauwarmes Wasser,
100 g abgezogene, gemahlene Mandeln,
¼ l Sahne,
1 Päckchen Sahnesteif,
3 Eßl. Preiselbeeren (aus dem Glas),
1–2 Eßl. Zitronensaft

Die Margarine schaumig rühren und nach und nach Zucker, Vanillin-Zukker, Eier und Rum hinzugeben. Das mit Backpulver gemischte und gesiebte Mehl abwechselnd mit dem Wasser unterrühren.
Zuletzt die Mandeln unterheben.
Den Teig in nicht zu großer Menge in ein gut erhitztes, mit Speckschwarte oder Speiseöl gefettetes Waffeleisen füllen und von beiden Seiten goldbraun backen.
Die Waffeln einzeln auf einem Kuchenrost erkalten lassen.
Die Sahne etwa ½ Minute schlagen, Sahnesteif langsam einstreuen und schlagen, bis die Sahne steif ist.
Die abgetropften Preiselbeeren und den Zitronensaft unter die Schlagsahne heben.
Auf jede Waffel etwas von der Preiselbeersahne geben, möglichst sofort verzehren.

Kaffeegebäck

1 Packung (300 g) tiefgekühlter Blätterteig,
etwas Konfitüre,
etwas Dosenmilch,
50–75 g Puderzucker,
etwa 1 Eßl. heißes Wasser

Den Blätterteig aus der Packung nehmen und etwa 2 Stunden auftauen lassen (den Teig nicht noch einmal durchkneten).
Den Teig zu einem Rechteck (24×32 cm) ausrollen und mit einem Kuchenrädchen in Vierecke (8×8 cm) teilen. Die Teigstücke in der Mitte mit Konfitüre bestreichen, zu beliebigen Formen – Dreiecken, Kuverts usw. – zusammenschlagen und auf ein mit kaltem Wasser abgespültes Backblech legen. Das Gebäck dünn mit Dosenmilch bestreichen.

Gas: 5 Minuten vorheizen 4–5,
backen 4–5
Strom: 200–225
Backzeit: 15–20 Minuten

Den gesiebten Puderzucker mit so viel Wasser glattrühren, daß eine dickflüssige Masse entsteht, dann das noch warme Gebäck damit bestreichen.

Sauerkirschkuchen

Einen Rührteig bereiten aus:

125 g Butter oder Margarine,
125 g Zucker,
1 Päckchen Vanillin-Zucker,
3 Eier,
150 g Weizenmehl,
3 g (1 gestrichener Teel.) Backpulver

Teig in eine gefettete Springform (Durchmesser etwa 26 cm) füllen und glattstreichen.

1–1¼ kg Sauerkirschen,
50 g Zucker

Die Kirschen waschen, gut abtropfen lassen, entstielen, entsteinen, auf den Teig legen und mit dem Zucker bestreuen.

Gas: 3–4
Strom: 175–200
Backzeit: 40–50 Minuten

Geburtstagskaffee

Apfel- oder Kirschtorte, gedeckt

300 g Weizenmehl,
6 g (2 gestrichene Teel.) Backpulver,
100 g Zucker,
1 Päckchen Vanillin-Zucker,
Salz,
½ Eigelb,
1 Eiweiß,
1 Eßl. Milch,
150 g Butter oder Margarine

Einen Knetteig bereiten aus:

Etwa die Hälfte des Teiges auf dem Boden einer gefetteten Springform (Durchmesser etwa 26 cm) ausrollen und mehrmals mit einer Gabel einstechen.

Gas: 5 Minuten vorheizen 3–4,
backen 3–4
Strom: 200–225
Backzeit: 15–20 Minuten

Apfelfüllung:
Etwa 2 kg Äpfel,
1 Eßl. Wasser,
75–100 g Zucker,
½ Teel. gemahlener Zimt,
50 g gewaschene, gut abgetropfte Rosinen,
einige Tropfen Rum-Aroma, oder Backöl Zitrone

Die Äpfel schälen, vierteln, entkernen, in Stücke schneiden und mit Wasser, 50 g Zucker, Zimt und Rosinen unter Rühren leicht dünsten. Die Füllung erkalten lassen und mit Zucker und Aroma oder Backöl abschmecken.

Kirschfüllung:
1 kg Sauerkirschen,
100–125 g Zucker,
einige Tropfen Backöl Zitrone,
30 g Speisestärke,
½ Eigelb,
1 Eßl. Milch

Die Kirschen waschen, abtropfen lassen, entstielen, entsteinen, mit dem Zucker mischen und einige Zeit zum Saftziehen stehenlassen. Sie danach lediglich zum Kochen bringen und sofort auf ein Sieb zum Abtropfen geben. Wenn Saft und Kirschen kalt sind, ¼ l Saft abmessen (gegebenenfalls mit Wasser ergänzen), mit Backöl abschmecken. Mit 4 Eßl. davon die Speisestärke anrühren, den übrigen Saft erhitzen. In die kochende, von der Kochstelle genommene Flüssigkeit die Speisestärke geben und einmal kurz aufkochen lassen, Kirschen unterrühren und kalt stellen.
Aus dem übrigen Teig eine Platte in der Größe der Springform ausrollen, den Teigrest zu einer fingerdicken Rolle formen und am Rand etwa 3 cm hochdrücken. Die erkaltete Fruchtfüllung auf den Boden streichen. Die Teigplatte darauflegen, mit dem mit Milch verschlagenen Eigelb bestreichen und mit einer Gabel mehrmals einstechen.

Gas: 3–4
Strom: 200–225
Backzeit: 20–30 Minuten

Käsekuchen

150 g Weizenmehl, 1½ g (½ gestrichener Teel.) Backpulver, 65 g Zucker, 1 kleines Ei, 65 g Butter oder Margarine, 1 gestrichener Eßl. Weizenmehl	Aus nebenstehenden Zutaten einen Knetteig bereiten. ⅔ des Teiges auf dem Boden einer Springform (26 cm) ausrollen. Unter den Rest den Eßl. Mehl kneten, den Teig zu einer Rolle formen und als Rand 3 cm hochdrücken. Boden mehrmals mit einer Gabel einstechen. Gas: 5 Minuten vorheizen 3–4, backen 3–4 Strom: 200–225 Backzeit: Etwa 15 Minuten
750 g Speisequark, 150 g Zucker, 1 Päckchen Vanillin-Zucker, 2½ Eigelb, 3 Tropfen Backöl Zitrone, ¼ l kalte Milch, 1 Päckchen Dr. Oetker Käsekuchen-Hilfe, 3 Eiweiß, 1 Eigelb, 1 Eßl. Milch	Quark und alle Zutaten in eine Schüssel geben, nach und nach die Milch unterrühren, zuletzt die Käsekuchen-Hilfe. Zum Schluß den steifen Eischnee unterziehen. Die Käsecreme auf dem Tortenboden verteilen, mit dem mit Milch verschlagenen Eigelb bestreichen. Den Kuchen mit dem Rost auf die unterste Schiene des Backofens schieben. Gas: 2 Strom: Etwa 160 Backzeit: 60–70 Minuten Fertige Torte vom Rand lösen, aber in der Form erkalten lassen.

Nuß-Sahnetorte

2 helle Wiener Böden,
125 g gemahlene, geröstete Haselnußkerne,
½ l Sahne,
25 g Puderzucker,
2 Päckchen Sahnesteif,
1 Päckchen Vanillin-Zucker,
einige Haselnußkerne

Die gut gekühlte Sahne wie üblich schlagen, dann den gesiebten, mit Sahnesteif und Vanillin-Zucker gemischten Puderzucker vorsichtig einrieseln lassen und steif schlagen. Die Hälfte in einen Spritzbeutel füllen, und unter die restliche Schlagsahne die gerösteten Haselnußkerne (2 Eßl. zurücklassen) rühren.

Einen der Biskuitböden mit der Nußsahne bestreichen und diese mit dem zweiten Boden bedecken. Die ganze Torte gleichmäßig mit etwas Sahne aus dem Spritzbeutel bestreichen und den Rand mit den restlichen gerösteten Haselnußkernen bestreuen. Die Oberseite mit Schlagsahne verzieren und mit Haselnußkernen garnieren.

Kirsch-Sahnetorte

Farbfoto auf Seite 131

Einen Biskuitteig bereiten aus:

2 Eigelb,
2–3 Eßl. warmes Wasser,
100 g Zucker,
1 Päckchen Vanillin-Zucker,
2 Eiweiß,
75 g Weizenmehl,
50 g Speisestärke,
3 g (1 gestrichener Teel.) Backpulver

in eine mit Pergamentpapier ausgelegte Springform (Durchmesser etwa 26 cm) füllen und sofort backen.

Gas: 3–4
Strom: 175–200
Backzeit: 20–30 Minuten
Den Tortenboden gut auskühlen lassen.

Etwa 500 g entsteinte Sauerkirschen, (aus dem Glas),
Zucker,
30 g Speisestärke,
½ l Sahne,
50 g Puderzucker,

Die Kirschen auf ein Sieb geben, gut abtropfen lassen und dann ¼ l von dem Saft abmessen (evtl. mit Wasser ergänzen). Ist der Saft nicht süß genug, noch Zucker nach Geschmack hinzufügen. Die Speisestärke mit 4 Eßl. Kirschsaft anrühren, die übrige Flüssigkeit erhitzen, in den kochenden, von der Kochstelle genommenen Saft Speisestärke

2 Päckchen Sahnesteif, 1 Päckchen Vanillin-Zucker

einrühren und kurz aufkochen lassen. Die Kirschen unterrühren (12 Stück zum Garnieren zurücklassen) und die Creme kalt stellen. Die gut gekühlte Sahne etwa ½ Minute schlagen, dann den gesiebten, mit Sahnesteif und Vanillin-Zucker gemischten Puderzucker vorsichtig einstreuen und steif schlagen.

Den Tortenboden einmal durchschneiden. Den unteren Boden mit der Kirschcreme bestreichen und darauf gleichmäßig die Sahne verteilen (etwa ¼ zurücklassen). Den anderen Boden in 12 gleichmäßige Stücke schneiden, diese sorgfältig auf die Sahne legen und andrücken. Die ganze Torte gleichmäßig mit einem Teil der zurückgelassenen Sahne bestreichen, den Rand nach Belieben mit geraspelter Schokolade oder Schokoladenstreuseln bestreuen. Mit der restlichen Sahne die Torte verzieren und mit Kirschen garnieren.

Veränderung: An Stelle der eingemachten Sauerkirschen kann auch die gleiche Menge Erdbeeren genommen werden.

Tip: Der Boden kann bereits 1–2 Tage vor dem Verzehr gebacken werden. In Alufolie verpackt aufbewahren.

Ananasrolle

Farbfoto auf Seite 132

Einen Biskuitteig – s. S. 11 – bereiten aus:

4 Eigelb,
3–4 Eßl. warmes Wasser,*
125 g Zucker,
1 Päckchen Vanillin-Zucker,
4 Eiweiß,
75 g Weizenmehl,
50 g Speisestärke,
1 Messerspitze Backpulver

und den Teig etwa 1 cm dick auf ein mit Pergamentpapier belegtes Backblech streichen. Das Papier unmittelbar vor dem Teig zur Falte knicken, so daß ein Rand entsteht.

Gas: 5 Minuten vorheizen 3½–4½,
backen 3½–4½
Strom: 200–225
Backzeit: 10–15 Minuten

Den Biskuit nach dem Backen sofort auf ein mit Zucker bestreutes Papier stürzen, das Backpapier mit kaltem Wasser bestreichen und vorsichtig abziehen. Den Biskuit mit der Papierunterlage aufrollen und kalt stellen.

** Bei großen Eiern die kleinere und bei kleinen Eiern die größere Wassermenge nehmen*

40 g Speisestärke,
100 g Zucker,
½ l kalte Milch,
250 g Butter oder Margarine,
3–4 Eßl. Zitronensaft,
2 Eßl. Himbeergelee,
etwa 150 g Ananasstücke (aus der Dose)

Speisestärke und Zucker mit 6 Eßl. Milch anrühren. Die übrige Milch zum Kochen bringen, von der Platte nehmen und langsam die Stärke einrühren. Einmal kurz aufkochen lassen und den Pudding während des Erkaltens ab und zu durchrühren.

Das Fett schaumig rühren, eßlöffelweise Zitronensaft hinzufügen und nach und nach den Pudding daruntergeben. Beides darf nicht zu kalt sein, sonst gerinnt die Masse.

Den ausgekühlten Biskuit vorsichtig auseinanderrollen und mit dem glattgerührten Gelee, dann mit der Buttercreme bestreichen (etwas zum Verzieren zurücklassen). Die gut abgetropften Ananasstückchen auf der Buttercreme verteilen, leicht andrücken und die Biskuitplatte vorsichtig aufrollen. Die Rolle mit der zurückgelassenen Creme bestreichen und nach Belieben mit Früchten garnieren.

Obsttorte

75 g Butter oder Margarine,
75 g Zucker,
1 Päckchen Vanillin-Zucker,
2 Eier,
Salz,
150 g Weizenmehl,
3 g (1 gestrichener Teel.) Backpulver,
etwa 2 Eßl. Milch,
500–750 g rohes, gedünstetes oder eingemachtes Obst, 1 Päckchen Sahnesteif,
1 Päckchen Tortenguß,
¼ l Wasser oder Fruchtsaft,
Zucker nach Angabe auf dem Tortenguß-Päckchen,
einige gehobelte Mandeln oder in Scheiben geschnittene Haselnußkerne

Aus den angegebenen Zutaten einen Rührteig bereiten, der schwer (reißend) vom Löffel fällt. Den Teig in eine gefettete, mit Semmelmehl ausgestreute Spezial-Tortenbodenform (Durchmesser etwa 28 cm) füllen und glattstreichen.

Gas: 3–4
Strom: 175–200
Backzeit: 20–25 Minuten

Weiches Obst roh verwenden. Aprikosen, Erdbeeren und Pfirsiche waschen, gut abtropfen lassen, entsteinen oder entstielen (Pfirsiche enthäuten). Gedünstetes Obst (Äpfel schälen, in Viertel oder Achtel schneiden, entkernen und in Zuckerwasser vorsichtig gar kochen) oder eingemachtes Obst auf einem Sieb gut abtropfen lassen.
Den erkalteten Tortenboden mit Sahnesteif bestreuen und die vorbereiteten Früchte darauflegen.
Den Guß nach Vorschrift zubereiten, über das Obst geben und den Tortenrand mit Mandel- oder Haselnußscheiben garnieren.

Aprikosen-Napfkuchen

150 g Margarine,
125 g Zucker,
1 Päckchen Vanillin-Zucker,
3 Eier,
225 g Weizenmehl,
3 g (1 gestrichener Teel.) Backpulver,
3–4 Eßl. Apfelsinensaft,
150 g klein-gewürfelte, getrocknete Aprikosen,
50 g klein-gewürfeltes Orangeat,
50 g abgezogene, gehackte Mandeln,
Semmelmehl,
125 g Puder-zucker,
knapp 2 Eßl. Puderzucker,
knapp 2 Eßl. Apfelsinensaft

Die Margarine schaumig rühren und nach und nach Zucker, Vanillin-Zukker und Eier hinzugeben. Das mit Backpulver gemischte und gesiebte Mehl abwechselnd mit dem Apfelsinensaft unterrühren. Nur so viel Saft verwenden, daß der Teig schwer (reißend) vom Löffel fällt. Aprikosen, Orangeat und Mandeln unter den Teig heben und ihn in die gefettete, mit Semmelmehl ausgestreute Form füllen.

Gas: 3–4
Strom: 175–200
Backzeit: Etwa 1 Stunde

Den gesiebten Puderzucker mit so viel Apfelsinensaft glattrühren, daß eine dickflüssige Masse entsteht. Den erkalteten Kuchen damit bestreichen.

Kindergeburtstag

Bienenstich

100 g Speisequark,
4 Eßl. Milch,
4 Eßl. Speiseöl,
50 g Zucker,
Salz,
200 g Weizenmehl,
12 g (4 gestrichene Teel.) Backpulver,
50–75 g Butter,
100 g Zucker,
1 Päckchen Vanillin-Zucker,
1 Eßl. Milch,
100 g abgezogene, gehobelte Mandeln

Den Quark mit Milch, Öl, Zucker und Salz verrühren. Danach gut die Hälfte des mit Backpulver gemischten und gesiebten Mehls dazugeben und unterrühren. Den Rest des Mehls unterkneten.

Den Teig auf dem Boden einer gefetteten Springform (Durchmesser etwa 26 cm) ausrollen.

Butter, Zucker und Vanillin-Zucker einmal aufkochen lassen, die Milch hinzufügen, die Mandeln unterrühren und alles kalt stellen. Die gut abgekühlte Masse (sollte sie zu fest sein, noch etwas Milch hinzugeben) gleichmäßig auf dem Teig verteilen.

Gas: 3–4
Strom: 175–200
Backzeit: Etwa 20 Minuten

Veränderung: Mit ½ Päckchen (72 g) Torten-Creme-Pulver (Vanille-Geschmack), 1 Päckchen Vanillin-Zukker, ¼ l kalter Milch und 125 g Butter (oder Margarine bester Qualität) eine Buttercreme zubereiten. Den gut ausgekühlten Kuchen einmal durchschneiden, den unteren Boden mit der Creme bestreichen und den oberen darauflegen.

Kalter Hund

Farbfoto auf Seite 133

250 g Kokosfett,
125 g Puderzucker oder feinkörniger Zucker,
1 Päckchen Vanillin-Zucker,
50 g Kakao,
½ Fläschchen Rum-Aroma,
2 Eier,
250–300 g rechteckige Butterkekse

Das Kokosfett zerlassen. Den Zucker (Puderzucker vorher sieben), den Vanillin-Zucker, den gesiebten Kakao und das Aroma in eine Schüssel geben und alles nach und nach mit den Eiern und dem lauwarmen Kokosfett verrühren.

Kekse und Kakaomasse lagenweise abwechselnd in eine mit Pergamentpapier ausgelegte Kastenform (etwa 20×11 cm) füllen. Die unterste Schicht muß aus Kakaomasse und die oberste Schicht aus Keksen bestehen. Den Kuchen mehrere Stunden, am besten über Nacht, kalt stellen und ihn dann in Scheiben schneiden.

Tip: Den „kalten Hund“ möglichst 1 Tag vor dem Verzehr zubereiten und kühl aufbewahren.

Obsttörtchen

200 g Weizenmehl, 3 g (1 gestrichener Teel.) Backpulver, 75 g Zucker, 1 Päckchen Vanillin-Zucker, Salz, 4 Tropfen Backöl Zitrone, 2 Eßl. Wasser, 100 g Butter oder Margarine	Einen Knetteig bereiten und diesen etwa 3 mm dick ausrollen. Mit einer runden Form (Durchmesser etwa 10 cm) 12–14 Törtchen ausstechen, auf ein Backblech legen und mit einer Gabel mehrmals einstechen. Gas: 5 Minuten vorheizen 3–4, backen 3–4 Strom: 175–200 Backzeit: 10–15 Minuten
1 Päckchen Sahnesteif,	Die ausgekühlten Plätzchen dünn mit Sahnesteif bestreuen, um zu verhindern, daß das Obst durchweichen kann.
500–750 g rohes, gedünstetes oder eingemachtes Obst, 1 Päckchen Tortenguß, ¼ l Wasser oder Fruchtsaft, Zucker nach Angabe, ¼ l Sahne, 1 Päckchen Sahnesteif, Zucker und Vanillin-Zucker nach Geschmack	Für den Belag weiches Obst roh verwenden und folgendermaßen vorbereiten: waschen, gut abtropfen lassen, entsteinen, entstielen oder verlesen (Pfirsiche enthäuten). Gedünstetes oder eingemachtes Obst auf einem Sieb gut abtropfen lassen. Die Früchte auf die Plätzchen legen (einen etwa 1 cm breiten Rand frei lassen). Den Guß nach Vorschrift zubereiten und auf das Obst geben. Die Sahne mit Sahnesteif, Zucker und Vanillin-Zucker zubereiten und die Törtchen am Rand damit verzieren.

Johannisbeertorte

2 Dr. Oetker Biskuit-Tortenböden,
1 Päckchen Gelatine gemahlen, weiß,
4 Eßl. kaltes Wasser,
500 g Johannisbeeren (vorbereitet gewogen),
¾ l Sahne,
50 g Puderzucker,
1 Päckchen Vanillin-Zucker
gezuckerte Johannisbeertrauben

Für die Füllung die Gelatine mit dem Wasser anrühren und 10 Minuten zum Quellen stehenlassen.
Die Johannisbeeren in einem elektrischen Mixer zerkleinern, bis ein einheitlicher Brei entstanden ist. Den Johannisbeerbrei durch ein Sieb streichen.
Die gequollene Gelatine unter Rühren erwärmen, bis sie gelöst ist, und unter den Johannisbeerbrei rühren.
Die gut gekühlte Sahne steif schlagen und den gesiebten Puderzucker und den Vanillin-Zucker unterrühren. ⅔ der Schlagsahne unter den Johannisbeerbrei heben, ihn auf einen der Tortenböden streichen, mit dem zweiten bedecken (tiefe Seite auf die Füllung legen) und gut andrücken. Rand und obere Seite der Torte mit der zurückgelassenen Schlagsahne gleichmäßig bestreichen. Die obere Seite mit Johannisbeertrauben garnieren.

Quark-Sahneschnitten mit Mandarinen

Einen Biskuitteig bereiten aus:

3 Eigelb,
5–6 Eßl. warmes Wasser,*
150 g Zucker,
1 Päckchen Vanillin-Zucker,
3 Eiweiß,
100 g Weizenmehl,
50 g Speisestärke,
3 g (1 gestrichener Teel.) Backpulver

Etwa 1 cm dick auf ein mit Pergamentpapier belegtes Backblech streichen. Das Papier unmittelbar vor dem Teig zur Falte knicken und sofort backen.

Gas: 5 Minuten vorheizen 3½–4½,
backen 3½–4½
Strom: 200–225
Backzeit: 10–15 Minuten

Den Biskuit nach dem Backen sofort auf ein mit Zucker bestreutes Papier stürzen, das Backpapier mit kaltem Wasser bestreichen und vorsichtig, aber schnell abziehen. Den Biskuit quer halbieren und erkalten lassen.

Etwa 200 g Mandarinenspalten (aus der Dose), 2 Päckchen Gelatine gemahlen, weiß, 6 Eßl. Mandarinensaft, 500 g Speisequark, 150 g Zucker, 1 Päckchen Vanillin-Zucker, 2 Eigelb, abgeriebene gelbe Schale von ½ Zitrone (ungespritzt), 2 Eßl. Zitronensaft, ¼ l Sahne, 2 Eiweiß, etwas Puderzucker

Die Mandarinenspalten zum Abtropfen auf ein Sieb geben und den Saft auffangen.
Die Gelatine mit 6 Eßl. Mandarinensaft anrühren und 10 Minuten zum Quellen stehenlassen.
Unter den Quark Zucker, Vanillin-Zucker, Eigelb, Zitronenschale und -saft rühren. Die Gelatine unter Rühren erwärmen, bis sie gelöst ist, und unter den Quark mischen.
Die gut gekühlte Sahne steif schlagen und mit den Mandarinenspalten unter den Quark heben. Das Eiweiß zu steifem Schnee schlagen, unter die Masse heben und sie etwas fest werden lassen.
Die Quarksahne auf eine der Biskuithälften streichen, mit der anderen Hälfte bedecken (die untere Seite nach oben) und leicht andrücken. Die Seiten glattstreichen. Das Gebäck kalt stellen, bis es schnittfest ist.
Die Oberfläche des Gebäcks mit Puderzucker bestäuben.
Tip: Den Biskuit kann man 1–2 Tage vorher backen und in Alufolie verpackt aufbewahren.

Quark-Apfelwaffeln mit Frost-Dessert Vanille

Farbfoto auf Seite 134

1 Packung, Frost-Dessert Vanille-Geschmack,
⅕ l (200 ccm) kalte Milch,
175 g Butter,
175 g Zucker,
1 Päckchen Vanillin-Zucker,
4 Eier,
Salz,
abgeriebene gelbe Schale von ½ Zitrone,
1 Messerspitze gemahlener Zimt,
125 g Speisequark,
250 g Weizenmehl,
4½ g (1½ gestrichene Teel.) Backpulver,
6 Eßl. Wasser oder Milch,
300 g Äpfel,
50 g gewaschene, gut abgetropfte Rosinen

Das Frost-Dessert nach Vorschrift zubereiten, in eine Glasschale füllen und im Gefrierfach des Kühlschranks 1–1½ Stunden angefrieren lassen.

Die Butter schaumig rühren und nach und nach Zucker, Vanillin-Zucker, Eier, Gewürze und Quark hinzugeben. Das mit Backpulver gemischte und gesiebte Mehl abwechselnd mit dem Wasser (Milch) unterrühren.

Die Äpfel schälen, vierteln, entkernen, in kleine Würfel schneiden und mit den Rosinen unterheben.
Den Teig in nicht zu großer Menge in ein gut erhitztes, mit Speckschwarte oder Speiseöl gefettetes Waffeleisen füllen und sofort gut verstreichen.

Die Waffeln von beiden Seiten goldbraun backen, einzeln auf einem Kuchenrost erkalten lassen und möglichst sofort verzehren.

Das Frost-Dessert dazu reichen.

Zitronenkuchen auf dem Blech

350 g Butter oder Margarine,
350 g Zucker,
1 Päckchen Vanillin-Zucker,
6 Eier,
abgeriebene gelbe Schale von 2 Zitronen (ungespritzt),
350 g Weizenmehl,
9 g (3 gestrichene Teel.) Backpulver,
200 g Puderzucker,
etwa 4 Eßl. Zitronensaft

Das Fett schaumig rühren und nach und nach Zucker, Vanillin-Zucker, Eier und Zitronenschale hinzugeben. Das mit Backpulver gemischte und gesiebte Mehl eßlöffelweise unterrühren. Den Teig auf ein gefettetes Backblech geben und glattstreichen. Einen mehrfach umgeknickten Streifen Alufolie davor legen.

Gas: 3–4
Strom: 175–200
Backzeit: Etwa 20 Minuten

Den gesiebten Puderzucker mit so viel Zitronensaft beträufeln, daß eine dickflüssige Masse entsteht. Den erkalteten Kuchen damit bestreichen und ihn in beliebig große Stücke schneiden.

Halbmonde

Einen Biskuitteig herstellen aus:

2 Eier,
1 Eßl. warmes Wasser,
100 g Zucker,
1 Päckchen Vanillin-Zucker,
75 g Weizenmehl,
50 g Speisestärke,
3 g (1 gestrichener Teel.) Backpulver,
50 g zerlassene Butter oder Margarine

in eine gefettete Rehrückenform füllen und sofort backen.

Gas: 3–4, Strom: 175–200
Backzeit: 35-45 Minuten

Ananas-Halbmonde

4 Scheiben Ananas (aus der Dose),
1 gestrichener Teel. Gelatine gemahlen, weiß,
3 Eßl. Ananassaft,
⅛ l Sahne,
1 Teel. Zucker

Von dem gut ausgekühlten Gebäck 8 Stücke abschneiden, mit je einer halben Scheibe Ananas belegen und kalt stellen. Die Gelatine mit dem Ananassaft anrühren, 10 Minuten zum Quellen stehenlassen, unter Rühren erwärmen, bis sie gelöst ist, und kühl stellen. Die dicklich gewordene Lösung auf die Ananasscheiben streichen (am besten mit einem Pinsel). Kurz vor dem Verzehr die gesüßte Sahne steif schlagen und das Gebäck damit verzieren.

Gefüllte Halbmonde

125 g Kokosfett,
50 g Puderzucker,
1 Päckchen Vanillin-Zucker,
30 g Kakao,
einige Tropfen Rum-Aroma,
1 Ei,
40 g Puderzucker,
15 g Kakao,
1–2 Eßl. heißes Wasser,
20 g zerlassenes Kokosfett

Das Kokosfett zerlassen und kalt stellen. Den gesiebten Puderzucker, Vanillin-Zucker, Kakao und das Aroma in eine Schüssel geben und alles nach und nach mit dem Ei und dem lauwarmen Kokosfett verrühren. Das restliche Gebäckstück zweimal waagerecht durchschneiden, den unteren Teil mit gut der Hälfte der Kakaocreme bestreichen, den zweiten darauflegen, mit der restlichen Creme überziehen und mit dem dritten bedecken.
Den mit Kakao gesiebten Puderzucker mit so viel heißem Wasser glattrühren, daß eine dickflüssige Masse entsteht. Dann das heiße Fett dazugeben. Das Gebäck gleichmäßig mit dem Guß bestreichen und bis zum Verzehr kühl stellen.

Tante Annas Schmandkuchen

250 g Margarine,
100 g Zucker,
1 Päckchen Vanillin-Zucker,
1 Ei,
300 g Weizenmehl,
9 g (3 gestrichene Teel.) Backpulver,
2–3 Eßl. Milch

Aus den nebenstehenden Zutaten bereitet man einen Rührteig, den man in eine gefettete Fettfangschale gibt und hellgelb vorbäckt.
Gas: 5 Minuten vorheizen 3–4,
backen 3–4
Strom: 175–200
Backzeit: 15–20 Minuten

1 Päckchen Pudding-Pulver Vanille-Geschmack,
60 g Weizenmehl,
60 g Grieß,
175 g Zucker,
2 l Milch,
4 Eigelb,
1 Päckchen Vanillin-Zucker,
¼ l Sahne oder ¼ l dicke saure Sahne,
4 Eiweiß,
150–250 g gewaschene, gut abgetropfte Rosinen

Puddingpulver, Mehl, Grieß und Zukker mit ¼ l Milch anrühren. Die übrige Milch zum Kochen bringen und die Mischung einrühren. Etwa 3 Minuten unter Rühren kochen, abkühlen lassen und ab und zu durchrühren.
Unter etwa ¼ des lauwarmen Puddings Eigelb und Vanillin-Zucker rühren.
Süße Sahne steif schlagen; dicke Sahne anschlagen. Das Eiweiß steif schlagen, Sahne und Eiweiß unter den mit Eigelb verrührten Pudding heben.
Die Rosinen unter den restlichen Pudding rühren und die Masse gleichmäßig auf dem Teig verteilen. Den mit Sahne und Eiweiß verrührten Pudding (Schmand) daraufstreichen.
Gas: 5 Minuten vorheizen 3–4,
backen 3–4
Strom: 175–200
Backzeit: Etwa 40 Minuten

Kokosberge

125 g Butter oder Margarine,
100 g Zucker,
1 Päckchen Vanillin-Zucker,
1 Ei,
125 g Weizenmehl,
75 g Speisestärke,
6 g (2 gestrichene Teel.) Backpulver,
100 g Kokosraspeln

Das Fett schaumig rühren und nach und nach Zucker, Vanillin-Zucker und Ei hinzugeben. Das mit Speisestärke und Backpulver gemischte und gesiebte Mehl eßlöffelweise unterrühren. Die Kokosraspeln zuletzt unter den Teig heben und mit 2 Teelöffeln kleine Häufchen auf ein gefettetes Backblech setzen.

Gas: 5 Minuten vorheizen 3–4,
backen 3–4
Strom: 175–200
Backzeit: Etwa 10 Minuten

Ein Hinweis für die noch nicht so perfekte Hausfrau:
Biskuitteig finden Sie auf S. 11
Rührteig auf S. 14
Knetteig auf S. 21

Schwänchen

¼ l Wasser,
50 g Butter oder Margarine,
150 g Weizenmehl,
25 g Speisestärke,
4–5 Eier,
3 g (1 gestrichener Teel.) Backpulver,
2 gestrichene Teel. Gelatine gemahlen, weiß,
3 Eßl. Wasser,
½ l Sahne,
1 Päckchen Vanillin-Zucker,
25 g (1 gut gehäufter Eßl.) Zucker,
gesiebter Puderzucker

Wasser und Fett in einem Stieltopf zum Kochen bringen. Dann den Topf von der Kochstelle nehmen, das mit Speisestärke gemischte und gesiebte Mehl auf einmal hineinschütten, zu einem glatten Kloß rühren und diesen unter Rühren noch etwa 1 Minute erhitzen. Den heißen Kloß sofort in eine Schüssel geben und die Eier hinzufügen. Weitere Eizugabe erübrigt sich, wenn der Teig stark glänzt und so vom Löffel abreißt, daß lange Spitzen hängenbleiben.
Das Backpulver in den erkalteten Teig geben. Mit 2 Löffeln oder mit einem Spritzbeutel gut walnußgroße Teighäufchen auf ein gefettetes, mit Mehl bestäubtes Backblech setzen (etwa 2 Eßl. Teig zurücklassen).

Gas: 5 Minuten vorheizen 4–5,
backen 4–5
Strom: 200–225
Backzeit: Etwa 30 Minuten

Während der ersten 20 Minuten die Backofentür nicht öffnen, da das Gebäck sonst zusammenfällt. Gleich nach dem Backen von jedem Windbeutel einen Deckel abschneiden.

Den restlichen Teig (2 Eßl.) in ein Pergamentpapiertütchen füllen und auf ein gefettetes, mit Mehl bestäubtes Backblech so viele Zweien (2) spritzen, wie Windbeutel vorhanden sind.

Gas: 4–5
Strom: 200–225
Backzeit: Etwa 15 Minuten.

Die Gelatine mit dem Wasser anrühren, 10 Minuten zum Quellen stehenlassen, dann unter Rühren erwärmen, bis sie gelöst ist, und kühl stellen.
Die Sahne fast steif schlagen und die lauwarme Gelatine darunterschlagen. Den Vanillin-Zucker und den Zucker hineingeben und die Windbeutel füllen. Bevor die Zweien als Hälschen in die Sahne gesteckt werden, von dem unteren Teil jeder Zwei ein kleines Stück abbrechen. Die Deckel der Windbeutel halbieren und als Flügel in die Sahne stecken. Das abgebrochene Stück der Zwei bildet das Schwänzchen.
Zuletzt die Schwänchen mit Puderzukker bestäuben.

Haselnußschnitten

Einen Biskuitteig bereiten aus:

2 Eigelb,
2 Eßl. warmes Wasser,
75 g Zucker,
1 Päckchen Vanillin-Zucker,
2 Eiweiß,
50 g Weizenmehl,
25 g Speisestärke,
3 g (1 gestrichener Teel.) Backpulver,
100 g gemahlene Haselnußkerne

Zuletzt das mit Speisestärke und Backpulver gemischte Mehl und die Haselnüsse vorsichtig unter die Eigelbcreme ziehen (nicht rühren). Den Teig in der Größe von 32×22 cm auf ein mit Pergamentpapier belegtes Backblech streichen. Das Papier vor dem Teig zur Falte knicken und sofort backen.

Gas: 5 Minuten vorheizen 3½–4½,
backen 3½–4½
Strom: 200–225
Backzeit: 10–12 Minuten

Den Biskuit nach dem Backen auf ein mit Zucker bestreutes Papier stürzen, das Backpapier mit kaltem Wasser bestreichen, vorsichtig abziehen.

¼ l Sahne
15 g Zucker,
½ Päckchen Vanillin-Zucker,
1 Päckchen Sahnesteif,
1–2 Eßl. Rum,
etwa 1 Eßl. Aprikosen-Konfitüre,
Haselnußkerne,
kandierte Kirschen

Die gut gekühlte Sahne etwa ½ Minute schlagen, dann den mit Sahnesteif und Vanillin-Zucker gemischten Zucker langsam einstreuen und dabei steif schlagen. Den Rum unterrühren und etwa 2 Eßl. von der Sahne in einen Spritzbeutel füllen.
Den Biskuit in 2 Stücke (11×32 cm) teilen, die eine Hälfte dünn mit Aprikosen-Konfitüre bestreichen, darauf ⅔ der Sahne verteilen und die andere Hälfte darauflegen. Die Oberfläche und den Rand des Gebäcks mit dem Rest der Sahne bestreichen, 8 Stücke markieren, jedes Teil mit der Sahne aus dem Spritzbeutel verzieren und mit Haselnußkernen und kandierten Kirschen garnieren. Das Gebäck kalt stellen und vor dem Servieren schneiden.
Tip: Der Biskuit kann bereits 1–2 Tage vor dem Verzehr gebacken werden. In Alufolie verpackt aufbewahren.

Kirsch-Schokoladenkuchen

Etwa 460 g entsteinte Sauerkirschen (aus dem Glas),
25 g Zucker,
30 g Speisestärke,
175 g Margarine,
125 g Zucker,
1 Päckchen Vanillin-Zucker,
2 Eier,
Salz,
½ Fläschchen Rum-Aroma,
300 g Weizenmehl,
etwa 3 Eßl. Milch,
15 g Kakao,
25 g Zucker,
1 Eßl. Milch,
125 g Puderzucker,
25 g Kakao,
1 kleines Ei,
100 g Kokosfett

Die Kirschen zum Abtropfen auf ein Sieb geben. Den Saft auffangen, ¼ l davon abmessen und mit dem Zucker und der Speisestärke verrühren, unter Rühren zum Kochen bringen, einmal aufkochen lassen, die Kirschen unterrühren und erkalten lassen.
Das Fett schaumig rühren und nach und nach Zucker, Vanillin-Zucker, Eier, Salz und Rum-Aroma hinzugeben.
Das gesiebte Mehl abwechselnd mit der Milch unterrühren, daß der Teig schwer (reißend) vom Löffel fällt.
Etwa ⅔ des Teiges in eine gefettete Springform füllen und glattstreichen.
Die Kirschmasse darauf verteilen.
Unter den Rest des Teiges gesiebten Kakao, Zucker und Milch rühren. Den dunklen Teig auf die Kirschen streichen.

Gas: 5 Minuten vorheizen 3–4,
backen 3–4
Strom: 175 –200
Backzeit: Etwa 55 Minuten

Kakao, Puderzucker und Ei verrühren und mit dem heißen Kokosfett vermengen. Den erkalteten Kuchen mit dem Guß bestreichen.

Friesenkeks, hell oder dunkel

Heller Teig:
250 g Weizenmehl,
3 g (1 gestrichener Teel.) Backpulver,
100 g Zucker,
1 Päckchen Vanillin-Zucker,
1 Fläschchen Rum-Aroma,
2 Eßl. Wasser,
100 g Butter oder Margarine

Mehl und Backpulver mischen und auf die Tischplatte sieben. In die Mitte eine Vertiefung eindrücken, Zucker, Gewürze und Wasser hineingeben und mit einem Teil des Mehls zu einem dicken Brei verarbeiten. Darauf das in Stücke geschnittene kalte Fett geben, mit Mehl bedecken und von der Mitte aus alle Zutaten schnell zu einem glatten Teig verkneten. Daraus 2–3 etwa 3 cm dicke Rollen formen, sie in grobem Zucker wälzen und so lange kalt stellen, bis sie hart geworden sind. Von den Rollen knapp ½ cm dicke Scheiben schneiden. Diese mit der oberen Seite in den groben Zucker drücken und auf ein Backblech legen.

Dunkler Teig:
250 g Weizenmehl,
30 g Kakao,
3 g (1 gestrichener Teel.) Backpulver,
100 g Zucker,
1 Päckchen Vanillin-Zucker,
1 Fläschchen Rum-Aroma,
3 Eßl. Wasser,
125 g Butter oder Margarine,
grober Zucker

Gas: 5 Minuten vorheizen 3–4,
backen 3–4
Strom: 175–200
Backzeit: Etwa 10 Minuten

Für den dunklen Teig 30 g Kakao untermischen. Verarbeitung wie oben.

Festliche Kuchen und Torten

Buttercremetorte

3 Eigelb,
3–4 Eßl. warmes Wasser,
150 g Zucker,
1 Päckchen Vanillin-Zucker,
3 Eiweiß,
100 g Weizenmehl,
100 g Speisestärke,
9 g (3 gestrichene Teel.) Backpulver

Einen Biskuitteig bereiten aus:

in eine mit Pergamentpapier ausgelegte Springform (Durchmesser etwa 26 cm) füllen und sofort backen.

Gas: 3–4
Strom: 175–200
Backzeit: 20–30 Minuten
Den Tortenboden erkalten lassen

Vanille-Buttercreme:
½ l Milch,
1 Päckchen Torten-Creme-Pulver,
250 g Butter oder Margarine,
1 Päckchen Vanillin-Zucker

Die Milch in eine Schüssel gießen, den Inhalt des Beutels auf einmal hinzugeben und etwa 1 Minute schnell durchschlagen, bis eine gleichmäßige Creme entstanden ist. Die Butter mit einem elektrischen Handrührgerät oder Schneebesen gut schaumig rühren und nach und nach die Creme und den Vanillin-Zucker damit vermengen.

Schokoladen-Buttercreme:
100 g bittere Schokolade,
½ l Milch,
1 Päckchen Torten-Creme-Pulver,
250 g Butter (oder Margarine bester Qualität)

Die Schokolade in kleine Stücke brechen und im Wasserbad oder auf der Automatikplatte glattrühren.
Die Milch in eine Schüssel gießen, den Inhalt des Beutels auf einmal zu der Milch geben und etwa 1 Minute schnell durchschlagen, bis eine gleichmäßige Creme entstanden ist. Die Butter (Margarine) mit einem elektrischen Handrührgerät oder einem Schneebesen gut schaumig rühren und die Creme nach und nach unter ständigem Rühren dazugeben. Die weiche Schokolade hinzufügen und gleichmäßig unterrühren.

Mokka-Buttercreme:
½ l Milch,
1 Päckchen Torten-Creme-Pulver,
2 schwach gehäufte Teel. Kaffee-Extraktpulver,
250 g Butter,
25 g Puderzucker,
gehobelte Mandeln,
Schokoladenstreusel

Die Milch, das Tortencreme- und das Extraktpulver 1 Minute schnell durchschlagen, bis eine Creme entsteht, die nach und nach unter ständigem Rühren zu der schaumig gerührten Butter gefügt wird. Nach Geschmack den gesiebten Puderzucker hinzugeben.

Der Tortenboden wird zweimal durchgeschnitten und der untere Boden mit gut ¼ der Creme gleichmäßig bedeckt. (Bei Vanille-Buttercreme den Boden zunächst mit 2–3 Eßl. Konfitüre bestreichen) den zweiten darauflegen und knapp die Hälfte der restlichen Creme darüberstreichen und mit dem dritten bedecken. Die ganze Torte dünn und gleichmäßig mit einem Teil der zurückgelassenen Creme bestreichen.
Den Rand der Torte mit Mandelscheiben oder Schokoladenstreuseln bestreuen. Mit der restlichen Creme die Torte verzieren.
Tip: Der Tortenboden kann bereits 1–2 Tage vor dem Verzehr gebacken werden. In Alufolie verpackt aufbewahren.

Blitz-Nußkuchen im Knuspermantel

6 Eier,
1 Päckchen Vanillin-Zucker,
400 g gemahlene Haselnußkerne,
50 g Semmelmehl,
6 g (2 gestrichene Teel.) Backpulver,
etwa 75 g Haselnußkerne,
Butter,
100 g bittere Schokolade,
5 Eßl. Sahne

Zucker und Vanillin-Zucker etwa 1 Minute mit einem elektrischen Handrührgerät auf höchster Stufe schlagen. Nach und nach die Haselnüsse und das mit Backpulver gemischte Semmelmehl unterrühren.
Den Teig in eine gefettete, mit Pergamentpapier ausgelegte Kastenform füllen.

Gas: 3–4
Strom: 175–200
Backzeit: Etwa 1 Stunde

Die Haselnußkerne in Scheiben schneiden, in etwas zerlassener Butter leicht rösten und erkalten lassen.
Für den Guß die Schokolade in kleine Stücke brechen, mit der Sahne in einem kleinen Topf im Wasserbad oder auf der Automatikplatte glattrühren. Den erkalteten Kuchen damit bestreichen und mit den gerösteten Haselnüssen bestreuen.

Wiener Sandtorte

(Backform „Margarete")
6 Eier,
375 g feinkörniger Zucker,
2 Päckchen Vanillin-Zucker,
2 Eßl. Wasser,
175 g Weizenmehl,
175 g Speisestärke,
4½ g (1½ gestrichene Teel.) Backpulver

Von den Eiern 2 Teelöffel Eiweiß abnehmen und zugedeckt aufbewahren. Die Eier mit etwas Zucker und Vanillin-Zucker mit einem elektrischen Handrührgerät auf höchster Stufe 1½–2 Minuten schlagen. Den Rest des Zuckers nach und nach hinzufügen. Das Wasser dazugeben und das mit Speisestärke und Backpulver gemischte und gesiebte Mehl eßlöffelweise unterrühren.

375 g zerlassene Butter,
3 gehäufte Eßl. Aprikosen-Konfitüre,
3 Eßl. Apricot Brandy,
1 Eßl. Wasser,
1 Teel. Rum,
30 g Puderzucker,
2 Teel. Eiweiß,
etwas Wasser

Die Butter heiß (aber nicht kochend) vorsichtig unterrühren. Die gefettete Form auf den Ring einer Springform setzen, Teig einfüllen und die Form mit dem Ring auf dem Rost in die Mitte des Backofens schieben. Man kann den Teig auch in einer gefetteten Springform (Durchmesser etwa 26 cm) backen.

Gas: 2–3
Strom: 150–175
Backzeit: 60–85 Minuten

Die Torte auf einen Kuchenrost stürzen und etwas abkühlen lassen.
Die Aprikosen-Konfitüre durch ein Sieb streichen und mit Apricot Brandy, Wasser und Rum unter Rühren aufkochen lassen. Die Torte damit bestreichen.
Den gesiebten Puderzucker mit dem zurückgelassenen Eiweiß (2 Teel.) und evtl. etwas Wasser verrühren, bis ein spritzfähiger Guß entstanden ist.
Die Masse in ein Pergamentpapiertütchen füllen und von der Tüte eine Spitze abschneiden.
Die Torte mit dem Guß verzieren.

Torte Caracas

4 Eigelb,
100 g Marzipan-Rohmasse,
50 g Zucker,
1 Päckchen Vanillin-Zucker,
Salz,
1 Messerspitze gemahlener Zimt,
4 Eiweiß,
75 g Zucker,
100 g Weizenmehl,
6 g (2 gestrichene Teel.) Backpulver,
80 g Krokant,
50 g zerlassene Butter oder Margarine,
100 g zartbittere Schokolade,
½ l Sahne,
2 Päckchen Sahnesteif,
Schokoladentäfelchen

Eigelb und Marzipan mit einem elektrischen Handrührgerät auf höchster Stufe schaumig schlagen. Nach und nach Zucker (50 g), Vanillin-Zucker, Salz und Zimt hinzufügen und schlagen, bis die Masse cremig ist.
Das Eiweiß steif schlagen. Den Zucker (75 g) eßlöffelweise unterschlagen und die Masse auf die Eigelbcreme geben. Das mit Backpulver gemischte Mehl darübersieben, alles vorsichtig vermengen und den Krokant mit der Butter hinzufügen.
Den Teig in eine mit Pergamentpapier ausgelegte Springform (Durchmesser etwa 26 cm) füllen, glattstreichen und sofort backen.

Gas: 5 Minuten vorheizen 3–4,
backen 3–4
Strom: 175 –200
Backzeit: 25–35 Minuten

Den erkalteten Tortenboden einmal durchschneiden.

Schokolade in kleine Stücke brechen und in einem kleinen Topf im Wasserbad oder auf der Automatikplatte glattrühren.
Die gut gekühlte Sahne etwa ½ Minute schlagen.
Sahnesteif hinzufügen und vollkommen steif schlagen. Die etwas abgekühlte Schokolade unterrühren.
4–5 Eßlöffel von der Schokoladensahne in einen Spritzbeutel füllen.

Den unteren Boden gleichmäßig mit ⅔ der Füllung bestreichen und mit dem oberen bedecken. Die Torte mit der restlichen Schokoladen-Creme bestreichen, mit der Sahne aus dem Spritzbeutel verzieren und mit Schokoladentäfelchen garnieren.

Preiselbeertorte

Einen Biskuitteig herstellen aus:

2 Eigelb,
2–3 Eßl. warmes Wasser,
100 g Zucker,
1 Päckchen Vanillin-Zucker,
2 Eiweiß,
75 g Weizenmehl,
50 g Speisestärke,
3 g (1 gestrichener Teel.) Backpulver

in eine mit Pergamentpapier ausgelegte Springform (Durchmesser ca. 26 cm) füllen und sofort backen.

Gas: 3–4
Strom: 175–200
Backzeit: 20–30 Minuten
Den Tortenboden erkalten lassen.

500 g Preiselbeeren,
200 g Zucker,
½ l Sahne,
3 Päckchen Sahnesteif,
1 Päckchen Vanillin-Zucker,
5 Eßl. Saft von den Preiselbeeren

Die Preiselbeeren verlesen, waschen, mit dem Zucker weichdünsten lassen, zum Abtropfen auf ein Sieb geben und den Saft auffangen*.
Die gut gekühlte Sahne etwa ½ Minute schlagen, Sahnesteif und Vanillin-Zucker einrühren und steif schlagen. Dann vorsichtig den Preiselbeersaft unter die Sahne ziehen. Den Tortenboden einmal durchschneiden.

50 g bittere Schokolade, etwas geraspelte Schokolade

Die Schokolade in kleine Stücke brechen und im Wasserbad oder auf der Automatikplatte glattrühren. Den unteren Boden mit der Schokolade bestreichen. Die gut abgetropften Preiselbeeren daraufgeben (einige zum Garnieren zurücklassen), gleichmäßig ⅔ der Schlagsahne darauf verteilen, den anderen Boden darauflegen und gut andrücken. Die Torte gleichmäßig mit einem Teil der zurückgelassenen Schlagsahne bestreichen.
Den Rand mit Schokolade bestreuen, die obere Seite der Torte mit der restlichen Schlagsahne verzieren und mit den zurückgelassenen Preiselbeeren garnieren.

* Bei Verwendung der entsprechenden Menge eingemachter Preiselbeeren, diese nur zum Abtropfen auf ein Sieb geben und den Saft auffangen.

Feine Quarktorte

10 Zwiebäcke (etwa 100 g),
30 g Zucker,
30 g Butter,
100 g abgezogene, gehobelte Mandeln,
250 g Butter,
200 g Zucker,
1 Päckchen Vanillin-Zucker,
7 Eigelb,
Salz,
abgeriebene gelbe Schale von ½ Zitrone (ungespritzt),
3 Eßl. Zitronensaft,
1 kg Speisequark,
7 Eiweiß,
1 Päckchen Käsekuchen-Hilfe

Die Zwiebäcke reiben, mit Zucker, Butter und Mandeln unter Rühren leicht rösten.
Den Boden und Rand einer Springform (Durchmesser etwa 26 cm) mit Alufolie auslegen. Die Zwiebackmasse hineingeben und etwas andrücken.
Die Butter schaumig rühren und nach und nach Zucker, Vanillin-Zucker, Eigelb, Salz, Zitronenschale und -saft hinzugeben. Den Quark unterrühren.
Das Eiweiß steif schlagen. Die Käsekuchen-Hilfe unter die Quarkmasse rühren und den Eischnee unterheben.
Die Quarkmasse auf den Zwiebackboden geben und glattstreichen.

Gas: 2
Strom: 160–175
Backzeit: 70–80 Minuten

Den Kuchen in der Form erkalten lassen, den Springformrand entfernen und die Folie vorsichtig abziehen.

Makronentorte mit Erdbeeren

125 g Weizenmehl,
1½ g (½ gestrichener Teel.) Backpulver,
50 g Zucker,
1 Päckchen Vanillin-Zucker,
2 Eigelb,
75 g Butter oder Margarine

2 Eiweiß,
100 g Zucker,
175 g abgezogene, gemahlene Mandeln,
500 g Erdbeeren,
50 g Zucker,
1 Päckchen Tortenguß, rot,
20 g Zucker,
¼ l Saft von den Erdbeeren,
⅛ l Sahne

Einen Knetteig bereiten, auf dem Boden einer Springform ausrollen, mit einer Gabel einstechen und goldgelb backen.

Gas: 5 Minuten vorheizen 3–4,
backen 3–4
Srom: 200–225
Backzeit: Etwa 15 Minuten

Das Eiweiß zu steifem Schnee schlagen, nach und nach Zucker hinzufügen und die Mandeln unterheben. Die Masse in einen Spritzbeutel füllen und auf den erkalteten Boden einen gleichmäßig dicken Rand von etwa 2½ cm Höhe spritzen.

Gas: 5 Minuten vorheizen 1–2,
backen 1–2
Strom: 125–150
Backzeit: Etwa 40 Minuten

Erdbeeren waschen, abtropfen lassen, entstielen und mit 50 g Zucker mischen. Wenn die Früchte Saft gezogen haben, auf ein Sieb geben. Saft auffangen und mit Wasser auf ¼ l ergänzen. Die Beeren auf den Tortenboden legen, den Guß nach Vorschrift zubereiten und darübergießen. Die Torte mit Sahne verzieren.

Erdbeer-Eistorte

Farbfoto auf Seite 135

50 g Butter oder Margarine,
50 g Zucker,
1 Päckchen Vanillin-Zucker,
1 Ei,
100 g Weizenmehl,
1 Messerspitze Backpulver,
1 Eßl. Milch,
Erdbeer-marmelade,
1 Packung (300 g) tiefgekühlte Erdbeeren,
1 Päckchen Eispulver Erdbeer,
⅕ l (200 ml) kaltes Wasser,
½ l Sahne,
5 Eßl. Rum,
⅛ l Sahne

Aus den angegebenen Zutaten einen Rührteig bereiten und ihn in eine gefettete Springform (etwa 26 cm Durchmesser) füllen.

Gas: 3–4
Strom: 175–200
Backzeit: 15–20 Minuten

Den Tortenboden erkalten lassen, auf eine Tortenplatte legen, mit Erdbeermarmelade bestreichen, den Springformrand um den Boden legen und schließen.
Die Erdbeeren bei Zimmertemperatur auftauen lassen und durch ein Sieb streichen. Das Eispulver mit dem Wasser nach Vorschrift ansetzen.
Die gut gekühlte Sahne steif schlagen und das Erdbeermus, das angerührte Eispulver und den Rum unterheben.
Die Masse bergförmig auf den Tortenboden streichen.
Gefrierzeit: Etwa 4 Stunden.
Die Torte mit einem Messer vom Springformrand lösen und mit der steifgeschlagenen Sahne verzieren.

Getränkter Apfelsinenkuchen

350 g Butter oder Margarine,
300 g Zucker,
1 Päckchen Vanillin-Zucker,
6 Eier,
abgeriebene gelbe Schale von 1 Apfelsine (ungespritzt),
abgeriebene gelbe Schale von ½ Zitrone (ungespritzt),
350 g Weizenmehl,
50 g Speisestärke,
6 g (2 gestrichene Teel.) Backpulver
¼ l Apfelsinensaft,
Saft von 1 Zitrone (etwa 3 Eßl.),
abgeriebene gelbe Schale von 1 Apfelsine (ungespritzt),
abgeriebene gelbe Schale von ½ Zitrone (ungespritzt),
100 g Zucker

Aus nebenstehenden Zutaten einen Rührteig bereiten und ihn in eine gefettete Back- oder Napfkuchenform füllen.

Gas: 3–4
Strom: 175 –200
Backzeit: Etwa 1 Stunde

Den Kuchen stürzen und in die gesäuberte Form zurückgeben, mehrmals mit einem Holzstäbchen einstechen. Den Apfelsinensaft mit Zitronensaft, Apfelsinen- und Zitronenschale und Zucker verrühren. Die Hälfte des Saftes über den Kuchen gießen. Den Kuchen stürzen und die Oberfläche mehrmals mit einem Holzstäbchen einstechen. Den restlichen Saft darübergießen.

Tip: Der Kuchen kann schon 1–2 Tage vor dem Verzehr gebacken und in Alufolie verpackt aufbewahrt werden.

Feine Schokoladentorte

150 g Butter,
75 g Zucker,
1 Päckchen Vanillin-Zucker,
150 g aufgelöste, zartbittere Schokolade,
2 Eier,
4 Eigelb,
150 g Weizenmehl,
15–25 g Kakao,
3 g (1 gestrichener Teel.) Backpulver,
4 Eiweiß,
75 g Zucker,
5–6 Eßl. rotes oder schwarzes Johannisbeergelee,
100 g zartbittere Schokolade,
5 Eßl. Sahne

Die Butter schaumig rühren und nach und nach Zucker (75 g), Vanillin-Zukker, Schokolade, Eier und Eigelb hinzugeben. Das mit Backpulver gemischte und gesiebte Mehl eßlöffelweise unterrühren. Das Eiweiß steif schlagen. Den Zucker (75 g) eßlöffelweise unterschlagen, vorsichtig unter den Teig heben, ihn in eine mit Pergamentpapier ausgelegte Springform (Durchmesser etwa 26 cm) füllen und glattstreichen.

Gas: 2–3
Strom: 175–200
Backzeit: Etwa 40 Minuten

DenTortenboden stürzen, erkalten lassen und einmal durchschneiden. Den unteren Boden mit Johannisbeergelee bestreichen und mit dem oberen bedecken. Die Torte dünn und gleichmäßig mit Johannisbeergelee überziehen.
Die Schokolade in kleine Stücke brechen, in einem kleinen Topf mit der Sahne im Wasserbad oder auf der Automatikplatte glattrühren. Die Torte mit der Schokolade überziehen.
Beigabe: Schlagsahne.

Marzipan-Rosenkuchen

Farbfoto auf Seite 136

200 g abgezogene, gemahlene Mandeln,
150 g Puderzucker,
3 Tropfen Backöl Bittermandel,
1 Eiweiß,
4–5 Eßl. Wasser,
100 g gewaschene, gut abgetropfte Rosinen,
50 g gewaschene, gut abgetropfte Korinthen,
200 g Speisequark,
6 Eßl. Milch,
1 Ei,
8 Eßl. (⅛ l) Speiseöl,
100 g Zucker,
1 Päckchen Vanillin-Zucker,
Salz,
400 g Weizenmehl,
1 Päckchen und 6 g (2 gestrichene Teel.) Backpulver,
1 Eigelb,
1 Eßl. Milch

Für die Füllung Mandeln, gesiebten Puderzucker, Backöl, Eiweiß und Wasser unter ständigem Rühren so lange erwärmen, bis eine gleichmäßige Masse entstanden ist. Dann die Füllung abkühlen lassen.
Den Quark mit Milch, Ei, Öl, Zucker, Vanillin-Zucker und Salz verrühren. Danach gut die Hälfte des mit Backpulver gemischten und gesiebten Mehls dazugeben und unterrühren. Den Rest des Mehls unterkneten. Den Teig zu einem Rechteck (etwa 50×40 cm) ausrollen, mit der Füllung bestreichen, mit Rosinen und Korinthen bestreuen und von der längeren Seite her aufrollen. Die Rolle in 16 Stücke schneiden, diese in eine gefettete Springform (Durchmesser etwa 26 cm) setzen und mit dem mit Milch verschlagenen Eigelb bestreichen.

Gas: 3–4
Strom: 175–200
Backzeit: 50–60 Minuten

Die Weihnachtsbäckerei

Mandel-Krokant-Torte

5 Eigelb,
4 Eßl. Apfelsinensaft,
175 g Zucker,
1 Päckchen Vanillin-Zucker,
abgeriebene gelbe Schale von 1 Apfelsine (ungespritzt),
5 Eiweiß,
50 g Weizenmehl,
50 g Speisestärke,
3 g (1 gestrichener Teel.) Backpulver,
300 g abgezogene, gemahlene, leicht geröstete Mandeln,
1 Messerspitze Butter,
25 g Zucker,
50 g abgezogene, gehackte Mandeln

Eigelb und Apfelsinensaft schaumig schlagen und nach und nach ⅔ des Zuckers mit dem Vanillin-Zucker und der Apfelsinenschale dazugeben. Schlagen, bis eine cremige Masse entstanden ist. Eiweiß zu steifem Schnee schlagen und dabei den Rest des Zukkers hinzugeben. Den Schnee auf die Eigelbcreme geben. Darüber das mit Speisestärke und Backpulver gemischte Mehl sieben, die Mandeln daraufstreuen und alles vorsichtig unterziehen (nicht rühren). Den Teig in eine mit Pergamentpapier ausgelegte Springform (Durchmesser etwa 26 cm) füllen und sofort backen.

Gas: 3–4
Strom: 175–200
Backzeit: Etwa 40 Minuten
Den Tortenboden erkalten lassen.

Butter und Zucker unter Rühren erhitzen, bis der Zucker schwach gebräunt ist. Die Mandeln hinzufügen und rühren, bis der Krokant genug gebräunt ist. Dann die Masse auf eine geölte Platte geben. Nach dem Erkalten den Krokant in kleine Stücke zerstoßen.

1 Eßl. Speiseöl,
100 g abgezogene, halbierte Mandeln,
½ l Milch von Zimmertemperatur,
1 Päckchen Vanillin-Zucker,
1 Päckchen Torten-Creme-Pulver,
250 g Butter, (oder Margarine bester Qualität),
2 gehäufte Eßl. Apfelsinenmarmelade

1 Eßl. Speiseöl wird erhitzt. Darin werden die Mandeln unter häufigem Wenden leicht gebräunt. Dann abkühlen und gut abtropfen lassen.
Die Milch mit dem Vanillin-Zucker in eine Schüssel geben und mit dem Torten-Creme-Pulver nach Vorschrift eine Buttercreme bereiten.
Den Tortenboden einmal durchschneiden. Den unteren Boden zuerst mit der Marmelade und dann mit etwa der Hälfte der Creme bestreichen. Den oberen Boden darauflegen. Die Torte mit der restlichen Creme bestreichen und den Rand mit dem Krokant bestreuen. Die Oberseite mit den Mandeln garnieren und bis zum Verzehr kalt stellen.

Würzige Nußplätzchen

375 g Weizenmehl,
6 g (2 gestrichene Teel.) Backpulver,
175 g Zucker,
1 Päckchen Vanillin-Zucker,
2 Eier,
2 gestrichene Teel. gemahlener Zimt,
2 Messerspitzen gemahlene Nelken,
Salz,
175 g Butter oder Margarine,
200 g gemahlene, leicht geröstete Haselnußkerne,
etwa 60 g Kuvertüre

Aus den angegebenen Zutaten einen Knetteig bereiten, in den man zuletzt die Haselnüsse einarbeitet. Dann den Teig etwa 3 mm dick ausrollen und mit verschiedenen Formen (Herzen, Halbmonde, Figuren) Plätzchen ausstechen und auf ein Backblech legen.

Gas: 5 Minuten vorheizen 3–4,
backen 3–4
Strom: 175–200
Backzeit: 10–15 Minuten

Die Kuvertüre in einem kleinen Topf im Wasserbad oder auf der Automatikplatte glattrühren und die Plätzchen damit besprenkeln.

Apfelsinen-Schokoladenplätzchen

200 g Weizenmehl,
60 g Speisestärke,
3 g (1 gestrichener Teel.) Backpulver,
100 g Zucker,
1 Päckchen Vanillin-Zucker,
abgeriebene gelbe Schale von 1 Apfelsine (ungespritzt),
1 Ei,
125 g Butter oder Margarine,
100 g zartbittere Schokolade

Aus den angegebenen Zutaten einen Knetteig bereiten: Mehl, Speisestärke, Backpulver mischen und auf die Tischplatte sieben. In der Mitte eine Vertiefung eindrücken. Zucker, Vanillin-Zucker, Ei und Apfelsinenschale hineingeben. Darauf das in Stücke geschnittene kalte Fett und die Schokoladenstückchen verteilen. Mit Mehl bedecken und von der Mitte aus alle Zutaten schnell zu einem glatten Teig verkneten. Daraus 3 etwa 3 cm dicke Rollen formen, mit einem großen Messer breitdrücken, so daß die Teigstreifen etwa 5 cm breit und gut 1 cm hoch sind. Kalt stellen, bis der Teig hart geworden ist. Die Teigstreifen mit einem scharfen Messer in knapp ½ cm dicke Scheiben schneiden und auf ein Backblech legen.

Gas: 5 Minuten vorheizen 3–4,
backen 3–4
Strom: 175–200
Backzeit: Etwa 10 Minuten

Blitz-Käsetorte

120 g Löffelbiskuits, 75 g Butter, 1 Päckchen Götterspeise Zitrone-Geschmack, ⅕ l (200 ml) Wasser, 200 g Doppelrahm-Frischkäse Philadelphia, 125 g Zucker, 1 Päckchen Vanillin-Zucker, 2 Eßl. Zitronensaft, ½ l Sahne	Die Löffelbiskuits zerkrümeln, auf einem Küchentuch mit der Teigrolle zerdrücken, in eine Schüssel geben und mit der zerlassenen Butter gut verrühren. Die Masse gleichmäßig auf dem umgedrehten, gefetteten Boden einer Springform mit Rand (Durchmesser etwa 26 cm) verteilen und gut andrücken. Die Götterspeise mit dem Wasser anrühren, 10 Minuten zum Quellen stehenlassen, unter Rühren erhitzen, bis sie gelöst ist. Etwas abkühlen lassen. Den Käse mit Zucker, Vanillin-Zucker und Zitronensaft verrühren und die lauwarme Götterspeise unterrühren. Wenn die Masse anfängt, dicklich zu werden, die steifgeschlagene Sahne unterheben. Die Käsemasse auf dem Boden verteilen und glattstreichen.
60 g Löffelbiskuits	zerkrümeln und zerdrücken, auf die Käsemasse streuen und die Torte bis zum Verzehr kalt stellen. Man löst sie vorsichtig mit einem Messer vom Springformrand und -boden und setzt sie auf eine Tortenplatte.

Knusperchen

300 g Weizenmehl,
6 g (2 gestrichene Teel.) Backpulver,
100–150 g Zucker,
1 Päckchen Vanillin-Zucker,
1 Fläschchen Rum-Aroma,
4 Eßl. Milch,
50 g Butter oder Margarine,
50 g Schweineschmalz,
Dosenmilch,
Zucker

Mehl und Backpulver mischen und auf die Tischplatte sieben. In die Mitte eine Vertiefung eindrücken. Zucker, Gewürze und Milch hineingeben und mit einem Teil des Mehls zu einem dicken Brei verarbeiten. Darauf das in Stücke geschnittene kalte Fett geben, mit Mehl bedecken und von der Mitte aus alle Zutaten schnell zu einem glatten Teig verkneten. Sollte er kleben, ihn eine Zeitlang kalt stellen.
Den Teig dünn ausrollen, beliebige Formen ausstechen, mit Milch bestreichen, mit Zucker bestreuen und auf ein Backblech legen.

Gas: 5 Minuten vorheizen 3–4,
backen 3–4
Strom: 175–200
Backzeit: 8–10 Minuten

Schokoladenkranz

1 Packung Tortenmischung „Torte Sacher Art“,
100 g Margarine,
3 Eier,
⅛ l Wasser,
¼ l Milch,
½ Päckchen (72 g) Torten-Creme-Pulver, Schokolade,
125 g Butter, (oder Margarine bester Qualität),
Aprikosenmarmelade (aus der Packung),
Speisefettglasur (aus der Packung)

Den Teig nach Vorschrift zubereiten und in eine gefettete Kranzform (Durchmesser etwa 24 cm) füllen.

Gas: 3–4
Strom: 175–200
Backzeit: Etwa 45 Minuten
Den erkalteten Kranz zweimal durchschneiden.

Die Schokoladen-Buttercreme nach Vorschrift zubereiten. ⅓ der Creme zurückstellen.
Den unteren Boden des Schokoladenkranzes mit der Hälfte der Aprikosenmarmelade bestreichen und die Hälfte der restlichen Buttercreme gleichmäßig darauf verteilen.
Den zweiten Boden darauflegen, mit der restlichen Aprikosenmarmelade und der Creme bestreichen. Dann mit dem dritten Boden bedecken. Den Kranz mit der zurückgelassenen Schoko-Buttercreme bestreichen.
Den Guß nach Vorschrift auflösen und den Kranz damit besprenkeln.

Aprikosenzopf

500 g Weizenmehl,
1 Päckchen Hefe,
100 g Zucker,
⅕ l (200 ml) lauwarme Milch,
1 Ei,
Mark von ½ Vanilleschote,
abgeriebene gelbe Schale von ½ Zitrone (ungespritzt),
Salz,
150 g zerlassene Butter,
150 g getrocknete, grobgehackte Aprikosen,
75 g abgezogene, gehackte Mandeln,
50 g gewürfelte Sukkade (Zitronat),
25 g gewürfeltes Orangeat,
2 Eßl. Arrak,
75 g weiche Butter,
75 g Puderzucker

⅔ des Mehls in eine Schüssel sieben und mit der Hefe gut vermischen. Zucker, Milch, Ei, Vanillemark, Zitronenschale, Salz und Fett unterrühren. Den Teig schlagen, bis er Blasen wirft. Die mit Mandeln, Sukkade und Orangeat gemischten Aprikosen mit Arrak beträufeln, gut durchziehen lassen und mit dem restlichen Mehl unter den Teig kneten. Sollte er kleben, noch etwas Mehl hinzufügen (Teig muß weich bleiben).

Den Teig an einem warmen Ort stehenlassen, bis er etwa doppelt so hoch ist, dann gut durchkneten und in 3 gleiche Stücke teilen. Von jedem Stück eine 35–40 cm lange Rolle formen und diese zu einem Zopf flechten. Enden gut zusammendrücken und den Zopf auf ein gefettetes Backblech legen. Nochmals gehen lassen, bis er sich in Breite und Höhe um die Hälfte vergrößert hat. In den Backofen schieben.

Gas: 3–4
Strom: 175–200
Backzeit: Etwa 1 Stunde

Den heißen Zopf mit Butter bestreichen und mit Puderzucker bestäuben.

Stollen

Farbfoto auf Seite 137

2 Päckchen Hefe,
2 Teel. Zucker,
⅕ l (200 ml) lauwarme Milch,
750 g Weizenmehl,
125 g Zucker,
1 Päckchen Vanillin-Zucker,
Salz,
1 Fläschchen Rum-Aroma,
6 Tropfen Backöl Zitrone,
6 Tropfen Backöl Bittermandel,
1 Messerspitze gemahlener Kardamom,
1 Messerspitze gemahlene Muskatblüte,
250 g zerlassene Butter oder Margarine,
250–375 g Rosinen,
125 g Korinthen,
100 g feingewürfeltes Zitronat,

Die Hefe und den Zucker (2 Teel.) in einem Schüsselchen mit der Milch sorgfältig anrühren und etwa 15 Minuten bei Zimmertemperatur stehenlassen.

⅔ des Mehls in eine Schüssel sieben, in der Mitte eine Vertiefung eindrücken und den Zucker, die Gewürze und das lauwarme Fett an den Rand geben. Die angesetzte Hefe in die Vertiefung gießen und von der Mitte aus mit dem Mehl und den übrigen Zutaten verrühren. Dann das restliche Mehl unterkneten, bis der Teig glatt ist. Zum Schluß die gewaschenen, gut abgetropften Rosinen und Korinthen, das Zitronat und die Mandeln hinzufügen. Den Teig an einem warmen Ort so lange stehenlassen, bis er etwa doppelt so hoch ist, ihn dann gut durchkneten und zu einem abgerundeten Rechteck (32×15 cm) ausrollen.

100 g abgezogene, gemahlene Mandeln,
100 g weiche Butter,
50 g Puderzucker

⅓ des Teigstückes von der längeren Seite aus dünner ausrollen, mit etwa 75 g Butter bestreichen und die übrigen ⅔ des Teiges so darüberschlagen, daß ein etwa 2 cm breiter Rand frei bleibt. Den geformten Stollen auf ein mit Alufolie belegtes Backblech legen und an einem warmen Ort so lange stehenlassen, bis er sich sowohl in der Breite wie in der Höhe etwa um die Hälfte vergrößert hat.

Gas: 3–4
Strom: Vorheizen 250,
backen 150–175
Backzeit: 45–55 Minuten.

Sofort nach dem Backen den Stollen mit der übrigen Butter bestreichen und mit Puderzucker bestäuben.

Marzipankuchen

250 g Marzipan-Rohmasse,
200 g Butter oder Margarine,
100 g Zucker,
1 Päckchen Vanillin-Zucker,
4 Eier,
2 Tropfen Backöl Bittermandel,
250 g Weizenmehl,
100 g Speisestärke,
3 g (1 gestrichener Teel.) Backpulver,
100 g zartbittere Schokolade,
etwas Kokosfett

Das Marzipan geschmeidig rühren (am besten mit einem elektrischen Handrührgerät), das Fett hinzufügen, schaumig rühren und nach und nach Zucker, Vanillin-Zucker, Eier und Backöl hinzugeben. Das mit Speisestärke und Backpulver gemischte und gesiebte Mehl eßlöffelweise unterrühren und den Teig in eine gefettete, mit Pergamentpapier ausgelegte Kastenform füllen.

Gas: 1½–3
Strom: 150–175
Backzeit: Etwa 65 Minuten

Die Schokolade in kleine Stücke brechen und mit etwas Kokosfett in einem kleinen Topf im Wasserbad oder auf der Automatikplatte glattrühren, bis eine gut streichfähige Masse entsteht. Den erkalteten Kuchen mit dem Guß überziehen.
Tip: Der Marzipankuchen kann mehrere Tage vor dem Verzehr gebacken werden. In Alufolie verpackt oder tiefgekühlt aufbewahren.

Honigkuchen auf dem Blech

200 g Honig,
75 g Zucker,
1 Vanillin-Zucker,
125 g Butter oder Margarine,
2 Eier,
2 Teel. Zimt,
½ Teel. Nelken,
½ Teel. Kardamom,
1 Messerspitze Muskatblüte,
2 Tropfen Backöl-Bittermandel,
1 Rum-Aroma,
geriebene Schale von 1 Apfelsine,
1 Packung Grundmischung Rührteig,
20 g Kakao,
100 g gewaschene, gut abgetropfte Rosinen,
75 g Haselnüsse
50 g Zitronat,
100 g Puderzucker,
etwa 2 Eßl. Rum

Honig, Zucker, Vanillin-Zucker und Fett langsam erwärmen, zerlassen, in eine Schüssel geben und kalt stellen. Unter die fast erkaltete Masse nach und nach Eier, Gewürze, Grundmischung und Kakao rühren. Zuletzt Rosinen, Haselnußkerne und Zitronat unterheben (alle Gewürze gemahlen verwenden).
Den Teig etwa 1 cm dick auf ein gefettetes Backblech steichen. Einen mehrfach umgeknickten Streifen Alufolie als Rand davorlegen.

Gas: 3–4
Strom: 175–200
Backzeit: 20–25 Minuten

Nach dem Erkalten das Gebäck in Vierecke (4 × 5 cm) schneiden.
Für den Guß den gesiebten Puderzucker mit so viel Apfelsinensaft (Rum) verrühren, daß eine dickflüssige Masse entsteht. Jeweils die Hälfte jedes Gebäckstücks diagonal damit bestreichen.

Gefüllte Nußhalbmonde

Einen Knetteig bereiten aus:

400 g Weizenmehl,
4½ g (1½ gestrichene Teel.) Backpulver,
200 g Zucker,
1 Päckchen Vanillin-Zucker,
1 Ei,
250 g Butter oder Margarine,

3 mm dick ausrollen, Halbmonde ausstechen und auf ein Backblech legen.

Gas: 5 Minuten vorheizen 3–4,
backen 3–4
Strom: 175–200
Backzeit: Etwa 10 Minuten

100 g gemahlene Haselnußkerne,
etwa 100 g Nuß-Nougatmasse,
etwa 150 g Kuvertüre,
50 g gemahlene Haselnußkerne

Die Nougatmasse in einem kleinen Topf im Wasserbad oder auf der Automatikplatte glattrühren. Die Hälfte der erkalteten Plätzchen mit der Creme bestreichen und die restlichen Plätzchen daraufsetzen.
Die Kuvertüre ebenfalls im Wasserbad glattrühren. Etwa ⅓ jedes Halbmondes in die Kuvertüre tauchen.
Die mit Kuvertüre überzogenen Plätzchenecken mit den Haselnußkernen garnieren.

Saftige Honigkuchenwürfel

Farbfoto auf Seite 138

125 g Honig,
2 Eier,
100 g Rohrzucker,
50 g zerstoßener Kandis (Grümmel),
1 Päckchen Vanillin-Zucker,
Salz,
1 gehäufter Teel. gemahlener Zimt,
1 Messerspitze gemahlene Nelken,
3 Tropfen Backöl Bittermandel,
abgeriebene gelbe Schale von ½ Zitrone (ungespritzt),
375 g Weizenmehl,
12 g (4 gestrichene Teel.) Backpulver,
3–4 Eßl. Johannisbeergelee,
150 g Mandelstifte,
250 g Fettglasur (aus der Packung)

Den Honig langsam erwärmen und abkühlen lassen. Darunter nach und nach alle Zutaten rühren. Das mit Backpulver gemischte und gesiebte Mehl eßlöffelweise unterrühren und den Teig knapp ½ cm dick gleichmäßig auf ein gefettetes Backblech streichen. Vor den Teig einen mehrfach umgeknickten Streifen Alufolie legen.

Gas: 5 Minuten vorheizen 3–4,
backen 3–4
Strom: 175–200
Backzeit: 15–20 Minuten

Den noch warmen Honigkuchen mit dem Johannisbeergelee bestreichen und mit den Mandelstiften bestreuen.
Die Fettglasur nach Vorschrift auflösen, den Honigkuchen damit bestreichen und in 3×3 cm große Würfel schneiden.
Das Gebäck in Dosen verpackt aufbewahren.

Wiener Spritzgebäck

250 g Butter oder Margarine,
175 g Zucker,
1 Päckchen Vanillin-Zucker,
1 Ei,
1 Eigelb,
Salz,
abgeriebene gelbe Schale von ½ Zitrone (ungespritzt),
375 g Weizenmehl,
3 g (1 gestrichener Teel.) Backpulver,
100 g gemahlene Haselnußkerne,
200 g Marzipan-Rohmasse,
1 Eiweiß

Aus den angegebenen Zutaten einen Rührteig bereiten, dem zuletzt die Haselnußkerne hinzugefügt werden. Den Teig in S-Formen, Tatzen und Stangen auf ein Backblech spritzen.

Das Marzipan mit dem Eiweiß verrühren.
Die Masse in ein Pergamentpapiertütchen füllen, Spitze abschneiden, daß eine etwa ½ cm große Öffnung entsteht. Die Masse auf die Teigplätzchen spritzen.

Gas: 5 Minuten vorheizen 3–4,
backen 3–4
Strom: 175–200
Backzeit: Etwa 15 Minuten

Apfelsinenkuchen

375 g Butter oder Margarine,
300 g Zucker,
2 Päckchen Vanillin-Zucker,
6 Eier,
abgeriebene gelbe Schale von 1 großen Apfelsine (ungespritzt),
1 Eßl. Apfelsinensaft,
250 g Weizenmehl,
125 g Speisestärke,
6 g (2 gestrichene Teel.) Backpulver,
75 g abgezogene, gemahlene Mandeln,
200 g Puderzucker,
1 Eßl. Zitronensaft,
2–3 Eßl. Apfelsinensaft,
abgezogene, halbierte Mandeln

Die angegebenen Zutaten werden zu einem Rührteig verarbeitet, die Mandeln zuletzt unter den Teig gehoben und dieser in eine gefettete Napfkuchenform gefüllt.

Gas: 2–3
Strom: 150–175
Backzeit: 75–85 Minuten

Den gesiebten Puderzucker mit dem Zitronensaft und so viel Apfelsinensaft glattrühren, daß eine dickflüssige Masse entsteht. Den erkalteten Kuchen damit überziehen und ihn mit Mandeln garnieren.

Zimttaler

300 g Weizenmehl,
3 g (1 gestrichener Teel.)
Backpulver,
75 g Puderzucker,
1 Ei,
Salz,
1 gehäufter Teel. gemahlener Zimt,
200 g Butter oder Margarine,
100 g gemahlene, geröstete Haselnußkerne

Alle Zutaten, einschließlich der Haselnüsse, zu einem geschmeidigen Knetteig verarbeiten. Den Teig etwa 3 mm dick ausrollen, mit einer runden Form (Durchmesser etwa 4 cm) Plätzchen ausstechen und auf ein Backblech legen.

Gas: 5 Minuten vorheizen 3–4,
backen 3–4
Strom: 175–200
Backzeit: Etwa 10 Minuten

25 g zerlassene Butter,
40 g Zucker,
1 Messerspitze gemahlener Zimt,
etwa 3 Eßl. Himbeergelee

Die Hälfte der Plätzchen auf der Oberseite mit der Butter bestreichen. Zucker und Zimt vermengen, die bestrichenen Plätzchen sofort damit bestreuen, damit der Zucker gut haftet. Die restlichen Plätzchen auf der Unterseite mit Himbeergelee bestreichen und die mit Zimt-Zucker bestreuten Plätzchen darauf setzen.

Früchtekuchen

Einen Knetteig bereiten aus:

250 g Butter oder Margarine,
175 g Zucker,
1 Päckchen Vanillin-Zucker,
4 Eier,
4 Tropfen Backöl, Zitrone,
150 g Weizenmehl,
150 g Speisestärke,
3 g Backpulver

50 g gemahlene Mandeln,
75 g gehackte Haselnußkerne,
100 g in Würfel geschnittene kandierte Früchte,
75 g gewaschene Korinthen,
75 g gewaschene Rosinen,
75 g in Würfel geschnittenes Zitronat
75 g in Würfel geschnittenes Orangeat

Zuletzt die übrigen Zutaten unter den Teig heben und ihn in eine gefettete, mit Pergamentpapier ausgelegte Kastenform füllen.

Gas: 1½–3
Strom: 165–185
Backzeit: 65–85 Minuten

5-Uhr-Tee-
Leckereien

Luisenkuchen

Farbfoto auf Seite 139

Einen Knetteig bereiten aus:

250 g Weizenmehl,
1 gestrichener Teel. Backpulver,
100 g Zucker,
1 Päckchen Vanillin-Zucker,
1 Ei
125 g Butter oder Margarine

Den Teig auf einem gefetteten Backblech ausrollen und mehrmals mit einer Gabel einstechen.

Gas: 5 Minuten vorheizen 3–4, backen 3–4
Strom: 200–225
Backzeit: Etwa 10 Minuten

Danach einen Rührteig herstellen aus:

200 g Margarine,
200 g Zucker,
1 Päckchen Vanillin-Zucker,
5 Eier, Salz,
abgeriebene Schale einer Zitrone,
200 g Weizenmehl,
1 gestrichener Teel. Backpulver,
50 g Speisestärke

dem zuletzt

50 g gemahlene Mandeln

hinzugefügt werden.

5 Eßl. Sauerkirsch- oder Schwarze-Johannisbeer-Marmelade,
50 g zerlassene Butter,
25 g Zucker

Den Knetteigboden mit der Marmelade bestreichen, den Rührteig gleichmäßig darauf verteilen und glattstreichen.

Gas: 3–4
Strom: 175–200
Backzeit: Etwa 25 Minuten

Den Kuchen nach dem Backen etwas abkühlen lassen, mit der Butter bestreichen und mit Zucker bestreuen.
Nach dem Erkalten mit etwa 30 g Kuvertüre besprenkeln, die man im Wasserbad oder auf der Automatikplatte glattgerührt hat.
Das Gebäck in Dreiecke, Rechtecke oder in Rauten schneiden. In Alufolie oder in einer gut schließenden Blechdose kann das Gebäck mehrere Tage aufbewahrt werden.

Napfkuchen

500 g Weizenmehl,
1 Päckchen Hefe,
150 g Zucker,
1 Päckchen Vanillin-Zucker,
6 Tropfen Backöl Zitrone,
Salz,
200 g zerlassene Butter oder Margarine,
3 Eier,
125 g gewaschene, gut abgetropfte Rosinen,
⅛ l lauwarme Milch

Das Mehl in eine Schüssel sieben und mit der Hefe sorgfältig vermischen. Die übrigen Zutaten hinzufügen und alles mit einem Handrührgerät mit Knethaken zuerst auf der niedrigsten, dann auf der höchsten Stufe in etwa 5 Minuten zu einem Teig verarbeiten. Den Teig an einem warmen Ort so lange stehenlassen, bis er etwa doppelt so hoch ist, ihn dann auf der höchsten Stufe gut durchkneten und in eine gefettete, mit Semmelmehl ausgestreute Napfkuchenform füllen. Darin gehen lassen, bis der Teig um etwa ⅓ höher ist und ihn dann in den Backofen schieben.

Gas: 3–4
Strom: 175–200
Backzeit: Etwa 50 Minuten

Schottische Butterplätzchen

375 g Weizenmehl,
200 g brauner Rohrzucker,
1 Päckchen Vanillin-Zucker,
250 g Butter

Das Mehl auf die Tischplatte sieben. In die Mitte eine Vertiefung eindrücken und Zucker und Vanillin-Zucker hineingeben. Darauf die in Stücke geschnittene kalte Butter geben und mit Mehl bedecken. Von der Mitte aus alle Zutaten schnell zu einem glatten Teig verkneten.
Den Teig zu 2–2½ cm dicken Rollen formen und kalt stellen, bis sie hart geworden sind.
Die Rollen in ½ cm dicke Scheiben schneiden, auf ein Backblech legen und hellbraun backen lassen.

Gas: 5 Minuten vorheizen 3–4,
backen 3–4
Strom: 175–200
Backzeit: Etwa 10 Minuten

Biskuitrolle

3 Eigelb, 5–6 Eßl. warmes Wasser, 150 g Zucker, 1 Päckchen Vanillin-Zucker, 3 Eiweiß, 100 g Weizenmehl, 50 g Speisestärke, 1 gestrichener Teel. Backpulver	Aus den angegebenen Zutaten einen Biskuitteig bereiten und etwa 1 cm dick auf ein mit Pergamentpapier belegtes Backblech streichen. An der offenen Seite des Blechs das Papier unmittelbar vor dem Teig zur Falte knicken, so daß ein Rand entsteht, und sofort backen. Gas: 5 Minuten vorheizen 3½–4½, backen 3½–4½ Strom: 200–225 Backzeit: 10–15 Minuten Den Biskuit nach dem Backen sofort auf ein mit Zucker bestreutes Papier stürzen, das Backpapier mit kaltem Wasser bestreichen und vorsichtig, aber schnell abziehen.
250–375 g rote Konfitüre, Puderzucker	Die Konfitüre darauf gleichmäßig verteilen, von der kürzeren Seite her aufrollen und mit Puderzucker bestäuben.

Quarkwaffeln mit Rosinen

125 g Butter oder Margarine,
100 g Zucker,
1 Päckchen Vanillin-Zucker,
3 Eier,
abgeriebene gelbe Schale von ½ Zitrone (ungespritzt),
125 g Speisequark,
200 g Weizenmehl,
4½ g (1½ gestrichene Teel.) Backpulver,
6 Eßl. Milch,
50–75 g gewaschene gut abgetropfte Rosinen,
Puderzucker

Das Fett schaumig rühren und nach und nach Zucker, Vanillin-Zucker, Eier, Zitronenschale und Quark hinzugeben. Das mit Backpulver gemischte und gesiebte Mehl abwechselnd mit der Milch unterrühren.
Zuletzt die Rosinen unterheben.

Den Teig in nicht zu großer Menge in ein gut erhitztes, mit Speckschwarte oder Speiseöl gefettetes Waffeleisen füllen und von beiden Seiten goldbraun backen.

Die Waffeln einzeln auf einem Kuchenrost erkalten lassen, mit Puderzucker bestäuben und möglichst sofort verzehren.

Bunter Zuckerkuchen

150 g Speisequark,
6 Eßl. Milch,
6 Eßl. Speiseöl,
75 g Zucker,
1 Päckchen Vanillin-Zucker,
Salz,
300 g Weizenmehl,
1 Päckchen Backpulver,
300 g gewaschene, gut abgetropfte Rosinen,
125 g zerlassene Butter,
1 Ei,
100 g Hagelzucker oder grober Zucker,
75 g abgezogene, gehobelte Mandeln

Den Quark mit Milch, Öl, Zucker, Vanillin-Zucker und Salz verrühren. Danach gut die Hälfte des mit Backpulver gemischten und gesiebten Mehls dazugeben und unterrühren. Den Rest des Mehls unterkneten. Den Teig auf einem gefetteten Backblech etwa ½ cm dick ausrollen, mit den Rosinen bestreuen und diese mit der Teigrolle leicht eindrücken.
Die etwas abgekühlte Butter mit dem Ei verschlagen, gleichmäßig über die Rosinen verteilen und alles mit dem Hagelzucker und den Mandeln bestreuen.

Gas: 3–4
Strom: 175–200
Backzeit: Etwa 25 Minuten

Das Gebäck in Stücke von gewünschter Größe schneiden und möglichst frisch essen.

Brownies

(Amerikanische Schokoladenkuchen)

200 g Blockschokolade,
2 Eßl. Wasser,
100 g Butter oder Margarine,
100 g Zucker,
1 Päckchen Vanillin-Zucker,
Salz,
2 Eier,
125 g Weizenmehl,
3 g (1 gestrichener Teel.) Backpulver,
50 g gehackte Walnußkerne

Die Schokolade in kleine Stücke brechen, mit Wasser und Fett unter Rühren erhitzen, bis eine geschmeidige Masse entstanden ist.
Die Masse in eine Schüssel geben, Zucker, Vanillin-Zucker und Salz unterrühren und abkühlen lassen. Nach und nach die Eier hinzufügen. Das mit Backpulver gemischte und gesiebte Mehl eßlöffelweise unterrühren. Zuletzt die Walnußkerne hinzufügen.
Ein Backblech mit einem Stück Alufolie (15×40 cm) abteilen, einfetten und den Teig gleichmäßig darauf streichen.

Gas: 5 Minuten vorheizen 3–4,
backen 3–4
Strom: 175–200
Backzeit: Etwa 30 Minuten

30 g Puderzucker,
1 Eßl. Rum

Den gesiebten Puderzucker mit dem Rum verrühren. Den erkalteten Kuchen unregelmäßig damit besprenkeln und in Quadrate (5×5 cm) schneiden.
Tip: Die Brownies können mehrere Tage vor dem Verzehr gebacken werden. In Alufolie verpackt aufbewahren.

Schweineöhrchen

Farbfoto auf Seite 140

1 Packung (300 g) tiefgekühlter Blätterteig,
25 g Butter,
50 g Zucker,
1 Päckchen Vanillin-Zucker,
etwas Kuvertüre

Teigplatten aus der Packung nehmen und etwa 2 Stunden auftauen lassen (nicht noch einmal durchkneten!).

Den Teig zu einer 55 × 22 cm großen Platte ausrollen und mit der zerlassenen, wieder abgekühlten Butter bestreichen. Darauf streut man den mit Vanillin-Zucker gemischten Zucker.

Von der Teigplatte den linken Teil der langen Seite zu ⅓ zusammenlegen, so daß die Kanten aneinanderstoßen. Dann den Teig von der längeren Seite her zur Hälfte überschlagen und so vor sich liegenlassen. Dieses Teigstück zu einer Platte (30 × 30 cm) ausrollen und die linke und die rechte Seite so zur Mitte hin überschlagen, daß in der Mitte 2 cm Teig frei bleiben. Die linke Kante des Teiges auf die rechte legen und den Teig so lange kalt stellen, bis er schnittfest geworden ist.

Mit einem scharfen Messer ½ cm dicke Scheiben abschneiden, nach Belieben mit der oberen Seite in etwas Zucker drücken und auf ein mit kaltem Wasser abgespültes Backblech legen.

Gas: 5 Minuten vorheizen 3–4,
backen 3–4
Strom: 175–200
Backzeit: 15–20 Minuten

Die Kuvertüre im Wasserbad oder auf der Automatikplatte glattrühren.
Die Schweineöhrchen nach dem Backen mit den beiden Rundungen in den Guß tauchen oder sie damit bestreichen.

Englischer Kuchen

100 g Butter oder Margarine,
150 g Zucker,
1 Päckchen Vanillin-Zucker,
2 Eier,
½ Fläschchen Backöl Zitrone,
250 g Weizenmehl,
6 g (2 gestrichene Teel.) Backpulver,
⅛ l Sahne,
150 g gewaschene, gut abgetropfte Rosinen,
150 g gewaschene, gut abgetropfte Korinthen,
50 g gewürfeltes Zitronat (Sukkade),
50 g kleingeschnittene kandierte Kirschen

Das Fett schaumig rühren und nach und nach Zucker, Vanillin-Zucker, Eier und das Backöl hinzugeben. Das mit Backpulver gemischte und gesiebte Mehl abwechselnd mit der Sahne unterrühren. Rosinen, Korinthen, Zitronat und Kirschen zuletzt unter den Teig heben und ihn in eine gefettete, mit Pergamentpapier ausgelegte Kastenform füllen.

Gas: 3–4
Strom: 175–200
Backzeit: Etwa 80 Minuten

Tip: Den Kuchen kann man mehrere Tage vor dem Verzehr backen und tiefgekühlt oder in Alufolie verpackt aufbewahren.

Zartes Mandelgebäck

375 g Weizenmehl,
3 g (1 gestrichener Teel.) Backpulver,
125 g Zucker,
1 Päckchen Vanillin-Zucker,
Salz,
2 Tropfen Backöl Bittermandel,
abgeriebene gelbe Schale von ½ Zitrone (ungespritzt),
1 Ei,
250 g Butter oder Margarine,
100 g abgezogene, gehobelte Mandeln,
150 g Kuvertüre,
25 g Kokosfett

Aus den angegebenen Zutaten einen Knetteig bereiten und zuletzt die Mandeln unterkneten.
Den Teig zu einem Rechteck (14×22 cm) ausrollen und über Nacht kalt stellen.
Den Teig in Streifen von 22×3,5 cm schneiden. Davon etwa ½–1 cm dicke Stücke abschneiden und auf ein Backblech legen.

Gas: 5 Minuten vorheizen 3–4,
backen 3–4
Strom: 175–200
Backzeit: 15–20 Minuten

Die Kuvertüre mit dem Kokosfett im Wasserbad oder auf der Automatikplatte glattrühren. Die Plätzchen zur Hälfte eintauchen.

Kleingebäck

Butterringe

150 g Butter,
75 g gesiebter Puderzucker,
1 Päckchen Vanillin-Zucker,
1 Ei,
½ gestrichener Teel. gemahlener Koriander,
175 g Weizenmehl,
25 g Speisestärke

In das zerlassene und wieder etwas fest gewordene Fett Puderzucker und Vanillin-Zucker geben und so lange rühren, bis beides weißschaumig geworden ist. Nach und nach Ei und Koriander hinzugeben und das mit Speisestärke gemischte und gesiebte Mehl eßlöffelweise unterrühren.
Den Teig in einen Spritzbeutel mit gezackter Tülle füllen und Ringe auf ein Backblech spritzen.

Gas: 5 Minuten vorheizen 3–4,
backen 3–4
Strom: 175–200
Backzeit: 8–12 Minuten

Kokosplätzchen

250 g Weizenmehl,
1½ g Backpulver,
250 g Zucker,
1 Vanillin-Zucker,
5 Tropfen Backöl Bittermandel,
1 Ei,
250 g Butter,
250 g Kokosraspeln

Aus den angegebenen Zutaten einen Knetteig bereiten, dünn ausrollen, mit einer runden Form Plätzchen von etwa 4 cm Durchmesser ausstechen und auf ein Backblech legen.

Gas: 5 Minuten vorheizen 3–4,
backen 3–4
Strom: 175–200
Backzeit: Etwa 10 Minuten

Erdnußplätzchen

125 g Butter oder Margarine,
125 g brauner Rohrzucker,
125 g Zucker,
1 Päckchen Vanillin-Zucker,
Salz,
2 Eier,
1 Glas (etwa 330 g) Erdnußmus aus gerösteten Erdnußkernen,
250 g Weizenmehl,
3 g (1 gestrichener Teel.) Backpulver

Das Fett schaumig rühren und nach und nach Rohrzucker, Zucker, Vanillin-Zucker, Eier, Salz und Erdnußmus hinzugeben. Das mit Backpulver gemischte und gesiebte Mehl eßlöffelweise unterrühren.

Mit 2 Teelöffeln kleine Häufchen von dem Teig abstechen, auf ein Backblech setzen und etwas flachdrücken, so daß die Plätzchen die Größe eines Fünfmarkstückes erhalten.

Gas: 5 Minuten vorheizen 3–4, backen 3–4
Strom: 175–200
Backzeit: Etwa 10 Minuten

Vanilleplätzchen

250 g Weizenmehl,
75 g Zucker,
2 Päckchen Vanillin-Zucker,
1 Ei,
125 g Butter oder Margarine,
etwas Kuvertüre

Einen Knetteig bereiten, dünn ausrollen, beliebige Formen ausstechen und auf ein Backblech legen.

Gas: 5 Minuten vorheizen 3–4, backen 3–4
Strom: 175–200
Backzeit: Etwa 10 Minuten

Das fertige Gebäck mit Kuvertüre besprenkeln.

Nuß- oder Kokosecken

Farbfoto auf Seite 141

150 g Weizenmehl,
1½ g (½ gestrichener Teel.) Backpulver,
65 g Zucker,
1 Päckchen Vanillin-Zucker,
1 Ei,
65 g Butter oder Margarine,
2 Eßl. Aprikosenkonfitüre,
100 g Butter oder Margarine,
100 g Zucker,
1 Päckchen Vanillin-Zucker,
2 Eßl. Wasser,
200 g Haselnußkerne (halb gemahlen, halb gehackt) oder
200 g Kokosraspeln,
etwa 100 g Kuvertüre

Einen Knetteig bereiten, zu einem Rechteck (32×24 cm) ausrollen, auf ein Backblech legen und dünn mit Konfitüre bestreichen.
Das Fett mit Zucker, Vanillin-Zucker und Wasser zerlassen und einmal aufkochen. Die Haselnußkerne (Kokosraspeln) unterrühren und kalt stellen.
Die abgekühlte Masse auf dem Teig verteilen und einen Rand aus Alufolie knicken.

Gas: 3–4
Strom: 175–200
Backzeit: 20–30 Minuten

Das Gebäck etwas abkühlen lassen, in Vierecke (etwa 8×8 cm) schneiden und diese in Dreiecke teilen.
Die Kuvertüre im Wasserbad oder auf der Automatikplatte glattrühren. Die beiden spitzen Ecken des Gebäcks hineintauchen oder damit bestreichen.

Sahnebrezeln

	Einen Knetteig bereiten aus:
375 g Weizenmehl, 1 schwach gehäufter Teel. Zucker, 2 Päckchen Vanillin-Zucker, ⅛ l saure Sahne, 250 g kalte Butter	etwa ½ cm dick ausrollen, in Streifen von gut ½×22 cm schneiden und diese zu Brezeln schlingen.
Dosenmilch	Die Teigbrezeln auf der oberen Seite mit Dosenmilch bestreichen.
100 g Hagelzucker, 50 g abgezogene, gehackte Mandeln	Zum Verzieren den Hagelzucker mit den Mandeln mischen. Die Brezeln hineindrücken, mit der unteren Seite auf ein Backblech legen und goldgelb backen.
	Gas: 5 Minuten vorheizen 4–5, backen 4–5 Strom: 200–225 Backzeit: Etwa 10 Minuten

Konfekt nicht nur zum Verschenken

Trüffelspitzen

(Ergibt etwa 80 Pralinen)
⅕ l (200 ml) Sahne,
150 g zartbittere Schokolade,
100 g Vollmilch-Schokolade,
100 g Kokosfett,
200 g Nuß-Nougatmasse,
etwa 80 Metallrosetten,
einige Pistazienkerne

Die Sahne mit der in Stücke gebrochenen Schokolade und dem Kokosfett unter Rühren erhitzen, bis eine glatte Masse entstanden ist, einmal kurz aufkochen lassen, in eine Schüssel geben und die in Stücke geschnittene Nougatmasse hinzufügen. Dann so lange rühren, bis sich beides verbunden hat. Kalt stellen. Während des Abkühlens hin und wieder durchrühren. Die erkaltete Masse mit einem elektrischen Handrührgerät durcharbeiten, bis sie etwas schaumig wird. Die Trüffelmasse in kleinen Mengen (sie wird durch die Handwärme sehr schnell weich) in einen Spritzbeutel mit gezackter Tülle füllen und in die Metallrosetten spritzen.
Pistazien in kleine Stücke schneiden und die Trüffelspitzen damit garnieren. Das Konfekt in Alufolie oder Cellophan verpackt kühl aufbewahren.

Walnuß-Aprikosen-Konfekt

125 g getrocknete Aprikosen,
3 Eßl. Apricot Brandy,
200 g Marzipan-Rohmasse,
100 g Puderzucker,
100 g Walnußkernhälften,
etwa 100 g Kuvertüre

Die Aprikosen in sehr kleine Stücke schneiden, mit dem Brandy übergießen und zugedeckt etwa 2 Stunden stehenlassen. Das Marzipan hinzufügen und mit einem elektrischen Handrührgerät (Rührbesen) verrühren. Den gesiebten Puderzucker unterkneten.

Aus der Masse 2 cm dicke Rollen formen und in etwa 1½ cm starke Scheiben schneiden. Auf eine der Schnittflächen eine Walnußhälfte drücken und das Marzipan nach Belieben nachformen.

Die Kuvertüre im Wasserbad oder auf der Automatikplatte glattrühren, jedes Marzipanstück bis zu der Walnußhälfte hineintauchen und auf ein Pergamentpapier setzen; evtl. nochmals umsetzen, damit das Konfekt keine Tropfränder bekommt.

Die Pralinen möglichst in kleine Papiermanschetten setzen und gut verschlossen aufbewahren.

Krokantbissen

Farbfoto auf Seite 142

Etwa 20 g Butter,
60 g Zucker,
125 g abgezogene, gehackte Mandeln,
100 g zartbittere Schokolade,
5 Eßl. Sahne

Butter und Zucker so lange erhitzen, bis die Masse leicht gebräunt und der Zucker gelöst ist.
Die Mandeln hinzufügen, unter Rühren erhitzen, bis der Krokant genug gebräunt ist. Die Masse auf ein geöltes Backblech geben und, sobald sie erkaltet ist, in kleine Stücke zerstoßen.
Die Schokolade in kleine Stücke brechen und mit der Sahne im Wasserbad oder auf der Automatikplatte glattrühren, etwas abkühlen lassen und den Krokant unterrühren.
Mit 2 Teelöffeln kleine Häufchen abstechen, auf Alufolie setzen und im Kühlschrank fest werden lassen.
Die Krokantbissen in Cellophantüten verpacken oder in verschlossenen Glas- oder Porzellangefäßen kühl aufbewahren.

Mozartkugeln

Farbfoto auf Seite 142

200 g kalte Nuß-Nougatmasse,
200 g Marzipan-Rohmasse,
2 Eßl. Kirschwasser,
10 g feingehackte Pistazien,
125 g Puderzucker,
100 g Speise-Fettglasur

Die Nougatmasse in etwa 1½×1½ cm große Würfel schneiden, zu Kugeln formen und kalt stellen. Marzipanmasse, Kirschwasser und Pistazien mit einem elektrischen Handrührgerät verrühren, den gesiebten Puderzucker unterkneten.

Die Marzipanmasse zu einer etwa 2 cm dicken Rolle formen. Diese in so viele Stücke schneiden, wie Nougatkugeln vorhanden sind.

Die Marzipanstücke auf einer mit Puderzucker bestäubten Tischplatte flach auseinanderdrücken, die Nougatkugeln darauflegen. Die Marzipanmasse darüber zusammenschlagen, an den Rändern gut andrücken und zu Kugeln formen. Die Fett-Glasur nach Vorschrift auflösen, die Mozartkugeln mit 2 Gabeln hineintauchen und auf ein enges Kuchengitter oder auf Pergamentpapier setzen. (Bei der Verwendung von Pergamentpapier die Mozartkugeln evtl. noch einmal umsetzen, damit sie keine „Füßchen“ bekommen.) Das Konfekt in Cellophan verpacken oder in verschlossenen Glas- oder Porzellangefäßen kühl aufbewahren.

Rosinen-Rumkugeln

100 g weiche Butter,
100 g Puderzucker,
1 Päckchen Vanillin-Zucker,
300 g geriebene Blockschokolade,
3 Eßl. Rum,
125 g in Rum eingelegte Rosinen,
100–150 g Schokoladenstreusel

Die Butter schaumig rühren und nach und nach gesiebten Puderzucker, Vanillin-Zucker, Schokolade und Rum unterrühren. Zum Schluß die Rosinen hinzufügen.

Die Masse eine Zeitlang kalt stellen, kleine Kugeln daraus formen und in den Schokoladenstreuseln wälzen.

Die Rosinen-Rumkugeln in Cellophantüten verpackt oder in verschlossenen Glas- oder Porzellangefäßen kühl aufbewahren.

Nußtrüffel

75 g weiche Butter,
75 g Puderzucker,
1 Päckchen Vanillin-Zucker,
200 g zartbittere Schokolade,
75 g gemahlene, leicht geröstete Haselnußkerne

Die Butter schaumig rühren und gesiebten Puderzucker und Vanillin-Zucker unterrühren. Die Schokolade in kleine Stücke brechen, in einem kleinen Topf im Wasserbad oder auf der Automatikplatte glattrühren und unter die Butter-Zucker-Masse rühren.

⅔ der Haselnußkerne hinzufügen. Die Masse eine Zeitlang kalt stellen. Aus der Schokoladen-Nußmasse kleine Kugeln formen und diese in den restlichen Haselnußkernen wälzen.

Die Nußtrüffel in Cellophantüten verpacken oder in verschlossenen Glas- oder Porzellangefäßen kühl aufbewahren.

Pikante Kuchen und salzige Knabbereien

Pikante spanische Blätterteig-Pastete

Farbfoto auf Seite 143

1 Packung (300 g) tiefgekühlter Blätterteig,
1 gekochtes Hähnchen,
2 Zwiebeln,
1 Knoblauchzehe,
2 Paprikaschoten,
3 Tomaten,
15–20 grüne spanische Oliven, mit Paprika gefüllt,
1–2 Eßl. Tomatenmark,
3 Eßl. Olivenöl,
½ Teel. Salz,
frisch gemahlener Pfeffer,
Paprika, edelsüß,
1 Eßl. gehackte Petersilie,
1 Peperoni,
1 Ei

Den Blätterteig in 3 Platten mit einem Küchenhandtuch abgedeckt auftauen.

Das Hähnchen von Haut und Knochen befreien und in Stücke schneiden. Zwiebeln und Knoblauchzehe abziehen und fein würfeln.
Die Paprikaschoten halbieren, entstielen, entkernen, die weißen Scheidewände entfernen, die Schoten waschen und in Würfel schneiden. Die Tomaten kurze Zeit in kochendes Wasser legen, in kaltem Wasser abschrecken, enthäuten, entkernen und ebenfalls in Würfel schneiden, die Oliven in Scheiben schneiden.
Das Öl erhitzen, Zwiebeln und Knoblauchzehe darin andünsten, Paprikaschoten, Tomaten, Oliven und Tomatenmark hinzugeben und einige Minuten mitdünsten lassen.
Das Hähnchenfleisch hinzufügen, mit den Gewürzen kräftig abschmecken und noch etwa 15 Minuten dünsten lassen. Dann die Petersilie unterrühren. Die Peperoni längs halbieren, entkernen, in dünne Ringe schneiden und zu der Füllung geben.

2 Blätterteigplatten aufeinanderlegen und zu einer runden Platte (Durchmesser etwa 30 cm) ausrollen. Den Teig auf den Boden einer Springform (Durchmesser etwa 26 cm) geben und am Rand etwas andrücken. Die Füllung darauf verteilen.
Die Teigränder über die Füllung klappen und mit verschlagenem Ei bestreichen. Die dritte Teigplatte in der Größe des Springformbodens ausrollen und die Füllung damit bedecken. Aus den Teigresten nach Belieben Blätter ausstechen und die Pastete damit garnieren.
Die Pastetenoberfläche mit verschlagenem Ei bestreichen und mehrmals mit einer Gabel einstechen.

Gas: 5 Minuten vorheizen 4–5,
backen 4–5
Strom: 200–225
Backzeit: Etwa 30 Minuten

Apfelkuchen einmal anders
Rezept auf Seite 14

Johannisbeer-Quarkkuchen mit Baiser
Rezept auf Seite 20

Kirsch-Sahnetorte
Rezept auf Seite 33

Ananasrolle
Rezept auf Seite 35

Kalter Hund
Rezept auf Seite 42

Quark-Apfelwaffeln mit Frost-Dessert Vanille
Rezept auf Seite 47

Erdbeer-Eistorte
Rezept auf Seite 73

Marzipan-Rosenkuchen
Rezept auf Seite 76

Stollen
Rezept auf Seite 87

Saftige Honigkuchenwürfel
Rezept auf Seite 92

Luisenkuchen
Rezept auf Seite 99

Schweineöhrchen
Rezept auf Seite 107

Nuß- oder Kokosecken
Rezept auf Seite 115

Krokantbissen, Mozartkugeln
Rezept auf Seite 121 und 122

Pikante spanische Blätterteig-Pastete
Rezept auf Seite 127

Käse-Schinkenkuchen
Rezept auf Seite 151

Blätterteigpastete

1 Packung tiefgekühlter Blätterteig,
75 g durchwachsener Speck,
1 Eßl. Speiseöl,
1–2 Zwiebeln,
2 Eßl. gehackte Petersilie,
500 g gemischtes Hackfleisch,
1 eingeweichtes, gut ausgedrücktes Brötchen,
1 Ei,
1 Eiweiß,
½ Eigelb,
1 Teel. Senf,
2 Eßl. Tomatenketchup,
Salz,
Pfeffer,
250 g Geflügelleber,
Weizenmehl,
1 Eßl. Speiseöl,
½ Eigelb,
1 Eßl. Milch

Die 3 Teigplatten nebeneinanderlegen und mit einem Küchenhandtuch abgedeckt auftauen lassen.

Den Speck in kleine Würfel schneiden, mit dem Öl erhitzen und etwas ausbraten lassen. Die Zwiebeln abziehen, würfeln, mit der Petersilie hinzufügen und kurz durchdünsten lassen.
Die Masse ohne das ausgebratene Fett zu dem Gehackten geben, mit Brötchen, Eiern, Senf und Tomatenketchup vermengen und mit Salz und Pfeffer würzen. Dann mit dem Knethaken des Handrührgeräts gut durchrühren.

Leber waschen, abtrocknen, evtl. enthäuten und in Mehl wenden. Das Öl zu dem ausgebratenen Speckfett geben, erhitzen und die Leber von beiden Seiten darin anbraten, salzen und pfeffern. 2 Teigplatten aufeinanderlegen und rund ausrollen (etwa 30 cm). Den Teig auf den umgedrehten, gefetteten Boden einer Springform (etwa 26 cm) legen und am Rand etwas andrücken. Die Hälfte der Hackfleischmasse daraufgeben. Die Leber darüber verteilen, mit der restlichen Masse bedecken und glattstreichen. Teigrand auf die Fleischmasse umklappen.

Das Eigelb mit der Milch verschlagen. Die Teigränder damit bestreichen.
Die dritte Teigplatte in der Größe des Springformbodens ausrollen und mehrere 1–2 cm große Löcher ausstechen (z. B. mit einem Aromafläschchen). Die Platte auf die Fleischmasse legen und am Rand festdrücken.
Aus den Teigresten Rosetten oder Halbmonde ausstechen, die Pastete damit garnieren und mit dem restlichen verschlagenen Eigelb bestreichen.

Gas: 5 Minuten vorheizen 4–5,
backen 4–5
Strom: 200–225
Backzeit: Etwa 45 Minuten

Austretender Fleischsaft aus den Teiglöchern zwischendurch vorsichtig mit Küchenkrepp-Papier abtupfen.
Tip: Die Pastete kann mehrere Stunden vor dem Backen zubereitet und im Kühlschrank aufbewahrt werden. Dann darf sie allerdings erst kurz vor dem Backprozeß mit dem verschlagenen Eigelb bestrichen werden.

Pikante Blätterteig-Käsetorte

1 Packung (300 g) tiefgekühlter Blätterteig,
400 g Doppelrahm-Frischkäse,
2 Eigelb,
Salz,
1 gestrichener Teel. Mexikanischer Pfeffer, (gewürzter Pfeffer),
⅛ l Sahne,
2 hartgekochte, kleingehackte Eier,
2 Eßl. frische gehackte Kräuter,
75 g gekochter, feingewürfelter Schinken,
Salz,
Pfeffer,
Salzmandeln,
Kräuter

Die 3 Teigplatten nebeneinanderlegen und mit einem Küchenhandtuch abgedeckt auftauen lassen. Jede Platte einzeln ausrollen und Böden von etwa 22 cm Durchmesser ausschneiden. Die Teigreste ausrollen und einen vierten Boden von gleicher Größe schneiden. Jeweils 2 Böden auf ein mit kaltem Wasser abgespültes Backblech legen, mehrmals mit einer Gabel einstechen und etwa 15 Minuten stehenlassen, dann erst backen.

Gas: 5 Minuten vorheizen 4–5,
backen 4–5
Strom: 200–225
Backzeit: Etwa 10 Minuten

Die Böden sofort nach dem Backen mit einem Messer vorsichtig vom Backblech lösen und erkalten lassen.

Für die Füllung Käse und Eigelb verrühren und mit Salz und Pfeffer würzen.
Die steifgeschlagene Sahne unterheben. Gut ¼ der Käsecreme in einen Spritzbeutel mit gezackter Tülle füllen. Je ⅓ der restlichen Creme mit den Eiern, den Kräutern und dem Schinken verrühren.
Die 3 Füllungen mit Salz und Pfeffer abschmecken. Den unteren Blätterteigboden mit der Schinkenkäsecreme bestreichen, den zweiten Boden daraufsetzen, vorsichtig andrücken und mit der Kräutercreme bestreichen. Mit dem dritten Boden bedecken und die Eiercreme darüberziehen. Der vierte Boden schließt die Torte ab.
Zuletzt wird sie mit der Creme aus dem Spritzbeutel verziert und mit Salzmandeln und Kräutern garniert.

Pasteten mit Hähnchenragout

500 g gekochtes Hähnchenbrustfilet,
40 g Butter oder Margarine,
50 g Weizenmehl,
½ l Fleischbrühe,
1–2 Eigelb,
2 Eßl. Sahne,
Zitronensaft oder Weißwein,
Salz,
Pfeffer,
100 g Champignons (aus der Dose),
75 g Erbsen (aus der Dose),
4 gekaufte Blätterteig-Pasteten,
Zitronen- oder Tomatenachtel,
Dillzweige

Das Fleisch in Würfel schneiden. Fett zerlassen und das Mehl unter Rühren so lange darin erhitzen, bis es hellgelb ist. Die Fleischbrühe hinzugießen und mit einem Schneebesen durchschlagen. Darauf achten, daß keine Klumpen entstehen. Die Soße zum Kochen bringen und etwa 5 Minuten schwach kochen lassen.

Das Eigelb mit der Sahne verschlagen, die Soße damit abziehen und mit Zitronensaft (Weißwein), Salz, Pfeffer würzen.

Hühnerfleisch, kleingeschnittene Champignons und Erbsen hinzufügen und in der Soße erhitzen.

Die Pastetenhülsen und -deckel auf ein Backblech legen und im vorgeheizten Backofen aufwärmen.

Gas: 5 Minuten vorheizen 3–4,
aufwärmen 3–4
Strom: 200–225
Zeit zum Aufwärmen: Etwa 5 Minuten

Das Ragout in die heißen Pasteten füllen und nach Belieben mit Zitronen- oder Tomatenachteln und Dillzweigen garnieren.

Quiche Lorraine

250 g Weizenmehl,
1 Eigelb,
Salz,
4 Eßl. Wasser,
125 g kalte Butter

80 g Schweizer Käse,
120 g durchwachsener Speck,
⅛ l Sahne,
4 Eier,
Salz,
Pfeffer,
geriebene Muskatnuß,
1 Eigelb,
Dosenmilch

Angegebene Zutaten zu einem Knetteig verarbeiten, ⅔ des Teiges auf dem Boden einer gefetteten Springform (Durchmesser etwa 24 cm) ausrollen, am Rand etwa 2 cm hochdrücken. Den Boden mehrmals mit einer Gabel einstechen und die Form in den Backofen schieben.

Gas: 5 Minuten vorheizen 4–5, backen 4–5
Strom: 200–225
Backzeit: Etwa 15 Minuten

Den restlichen Teig in der Größe des Springformbodens ausrollen. Den Käse in feine Streifen schneiden und mit dem gewürfelten, angedünsteten Speck, der Sahne und den Eiern verrühren. Die Masse mit Salz, Pfeffer, Muskatnuß würzen und auf dem vorgebackenen Boden verteilen. Die Teigdecke daraufgeben und mehrmals mit einer Gabel einstechen. Eigelb mit etwas Dosenmilch verschlagen und die Decke damit bestreichen.

Gas: 4–5 Strom: 200–225
Backzeit: Etwa 25 Minuten

Käse-Schinkenkuchen

Farbfoto auf Seite 144

1 Packung Pizza-Teig,
250 g gekochter Schinken,
250 g Gouda,
1 Becher saure Sahne,
2 Eier,
2 Eßl. gehackte Kräuter,
(z. B. Schnittlauch, Dill, Petersilie, Pimpinelle),
Salz,
Pfeffer,
geriebene Muskatnuß,
Paprika, edelsüß

Den Pizza-Teig nach Vorschrift auf der Packung zubereiten, auf einem gefetteten Springformboden (Durchmesser etwa 26 cm) ausrollen und am Rand etwa 1½ cm hochdrücken.

Für den Belag Schinken und Käse in Würfel schneiden und gleichmäßig auf dem Teig verteilen (Pizza-Soße nicht verwenden).

Die Sahne mit den Eiern verschlagen, die Kräuter unterrühren und mit den Gewürzen kräftig abschmecken. Die Eiersahne über den Schinken und Käse geben.

Gas: 4–5
Strom: 200–225
Backzeit: Etwa 20 Minuten

Weinplätzchen

375 g Weizenmehl,
125 g Zucker,
1 Päckchen Vanillin-Zucker,
3 Eßl. Weißwein,
200 g Butter,
2 Eiweiß,
60 g Zucker,
gemahlener Zimt,
abgezogene, gehackte Mandeln

Das Mehl auf die Tischplatte sieben, in die Mitte eine Vertiefung eindrücken, Zucker, Vanillin-Zucker und Weißwein hineingeben und mit einem Teil des Mehls zu einem dicken Brei verarbeiten. Darauf die in Stücke geschnittene kalte Butter geben, mit Mehl bedecken und von der Mitte aus alle Zutaten schnell zu einem glatten Teig verkneten. Den Teig etwa 3 mm dick ausrollen und mit einer runden Form (Durchmesser etwa 4 cm) ausstechen und auf ein Backblech legen.
Das Eiweiß so steif schlagen, daß ein Messerschnitt sichtbar bleibt. Die Teigplätzchen damit bestreichen. Zukker und Zimt mischen. Die Plätzchen mit dem Zimt-Zucker und den Mandeln bestreuen.

Gas: 5 Minuten vorheizen 3–4,
backen 3–4
Strom: 175–200
Backzeit: 10–15 Minuten

Porree-Pizza

Einen Knetteig bereiten aus:

350 g Weizenmehl,
3 g (1 gestrichener Teel.) Backpulver,
2 Eßl. kaltes Wasser,
Salz,
200 g Butter oder Margarine

auf einem gefetteten Backblech ausrollen und am Rand etwas hochdrücken. Vor den Teig einen mehrfach umgeknickten Streifen Alufolie legen.

Gas: 5 Minuten vorheizen 4–5,
backen 4–5
Strom: 200–225
Backzeit: Etwa 20 Minuten

10–12 Stangen Porree,
(1 kg vorbereitet gewogen),
150 g durchwachsener Speck,
Salz, Pfeffer, Cayennepfeffer,
etwa 175 g Champignonsstücke (aus der Dose),
etwa 20 g Speisestärke,
3 Eßl. kaltes Wasser,
150 g Gouda,
4 Tomaten,
2 Eßl. saure Sahne,
2 Eier

Für den Belag die Porreestangen putzen, längs halbieren, waschen und in etwa 1 cm breite Streifen schneiden.
Den Speck in Würfel schneiden, erhitzen und etwas ausbraten lassen. Den Porree hinzufügen, mit Salz, Pfeffer und Cayennepfeffer würzen und kurz durchdünsten lassen.
Die Champignons abtropfen lassen, die Flüssigkeit auffangen, evtl. mit Wasser auf $\frac{1}{8}$ l ergänzen und zu dem Porree geben.

Den Porree im geschlossenen Topf unter öfterem Umrühren etwa 10 Minuten dünsten lassen.
Die Speisestärke mit dem Wasser anrühren, den Porree damit binden und etwas abkühlen lassen.
Die Champignons, den in Würfel geschnittenen Käse und die gewaschenen, in Würfel geschnittenen Tomaten zu dem Porree geben.
Die Sahne mit den Eiern verschlagen und unterrühren.
Das Gemüse mit den Gewürzen kräftig abschmecken und gleichmäßig auf dem vorgebackenen Boden verteilen.

Gas: 4–5
Strom: 200–225
Backzeit: Etwa 25 Minuten

Tip: Teig und Belag können mehrere Stunden vor dem Backen zubereitet werden.

Leberpastetchen

1 Packung (300 g) tiefgekühlter Blätterteig,
300 g Kalbs- oder Schweineleber,
1½ Eier,
2 gehäufte Eßl. Semmelmehl,
2 Zwiebeln,
20 g Butter oder Margarine,
1 Eßl. gehackte Petersilie,
gemahlener Majoran und gemahlener Salbei,
1 Eßl. Weinbrand,
Salz,
Pfeffer,
½ Ei

Teigplatten nebeneinander abgedeckt auftauen lassen.
Die Leber waschen, abtrocknen, enthäuten und durch die grobe Scheibe des Fleischwolfs drehen. Eier und Semmelmehl hinzugeben.
Das Fett zerlassen, die gewürfelten Zwiebeln unter Rühren etwa 3 Minuten darin dünsten lassen und mit Petersilie, Majoran, Salbei und Weinbrand zu der Lebermasse geben. Alles gut vermengen und mit Salz und Pfeffer würzen.
Die 3 Teigplatten aufeinanderlegen und zu einem Rechteck (30×40 cm) ausrollen. 6 Platten (Ø etwa 12 cm) und 6 Teigplatten (Ø etwa 10 cm) ausstechen.
Die größeren Teigstücke in gefettete Torteletttförmchen legen, leicht andrücken. Etwa 2 Eßl. der Lebermasse hineingeben, die Teigränder mit dem verschlagenen Ei bestreichen und mit den kleineren Teigplatten bedecken. Die Oberfläche mit Ei bestreichen.

Gas: 5 Minuten vorheizen 4–5,
backen 4–5
Strom: 200–225
Backzeit: Etwa 25 Minuten

Käsegebäck mit Nüssen

250 g Weizenmehl,
1 gestrichener Teel. Backpulver,
½ gestrichener Teel. Salz,
1 Messerspitze Paprika, edelsüß,
100 g feingeriebener Schweizer Emmentaler,
75 g Parmesan-Käse,
1 Ei,
⅛ l Sahne,
125 g kalte Butter

1 Ei,
gehackte Walnußkerne,
grobes Salz,
gehackte Haselnußkerne,
gehackte Pistazien,
Mohn,
gehackte Mandeln,
Kümmel

Aus den angegebenen Zutaten einen Knetteig bereiten. Diesen etwa 1 cm dick ausrollen und in Quadrate, Rechtecke und Rauten schneiden.

Die Plätzchen mit dem verschlagenen Ei bestreichen und auf ein Backblech legen.

Das Käsegebäck mit Walnußkernen, Salz, Haselnußkernen, Pistazien, Mohn, Mandeln oder Kümmel bestreuen.

Gas: 5 Minuten vorheizen 3–4,
backen 3–4
Strom: 175–200
Backzeit: etwa 12 Minuten